本書係「敦煌文獻系統性保護整理出版工程」項目成果

二〇二一—二〇三五年國家古籍工作規劃重點出版項目

「十四五」國家重點出版物出版規劃項目

國家古籍整理出版專項經費資助項目

中國國家圖書館藏敦煌文獻

中國國家圖書館 編

第四八册

BD00706～BD00722

國家圖書館出版社

DUNHUANG MANUSCRIPTS IN THE NATIONAL LIBRARY OF CHINA

048

BD00706 ~ BD00722

compiled by the

National Library of China

National Library of China Publishing House

顧問　方廣錩　郝春文　榮新江　李際寧

編纂出版　張志清　魏　崇　陳紅彦　殷夢霞　薩仁高娃
謝冬榮　劉　波　林世田　廖生訓

編纂　林世田　薩仁高娃　常蓋心　于　瑞　劉毅超
劉　波　劉炳梅　周升川　劉　婷　程佳羽
沈艷麗　高　雅

編輯　潘　竹　程魯潔　黄　鑫　苗文葉

審稿　孫　彦　宋志英　鄧咏秋

凡例

一　本書刊布中國國家圖書館藏敦煌文獻，以館藏編號爲序編排。

二　館藏編號采用「BD+流水號」格式，如 BD00001, BD16579 等。背面在編號後加 v 表示。一個編號包含多件文獻者，編號後分別綴以字母 A, B, C 等。一件文獻含有多個内容者，以數字 -1, -2, -3 等標明順序。

三　圖版有縮印或放大處另加説明，尺寸超出本書幅面的以摺葉形式呈現。

四　卷軸裝、梵夾裝、經摺裝等裝幀形制的敦煌文獻，各附外觀圖像。

五　每件文獻依次呈現外觀、正面、背面等。背面僅刊布有文字、圖像或其他要素的圖版，而略去素紙部分，背面圖版同樣以從右到左順序編排。凡有外題者，遵從以上原則。

六　除個别特殊情况外，爲保證閲讀連貫、流暢，圖版儘量通欄呈現。

七　各葉上方附該件文獻全圖，以高亮形式顯示本葉大圖在全卷中的位置。部分長卷文獻全圖衹能分多段呈現時，在上段末以 < 符標示下段接續。卷尾内容不足一葉時，文獻全圖使用該圖卷尾部分，亦以 < 符標示。背面圖版文字與正面文字方向相反時，文獻全圖按原貌顯示，正文翻轉呈現，以便閲讀研究，用 ⟲ 符標示。

八　文獻題名大體沿用中國國家圖書館此前所編多部敦煌文獻目録的考證，部分吸收學界最新研究成果略作調整和完善。文獻題名綜合參考原卷首題、尾題、外題確定，如原卷題名與該文獻正式名稱不同，則采用正式名稱；無題名者，或比定題名，或擬定新名。非漢文文獻在題名前標注語種。有分卷不同等其他情况者，括注於文獻名稱後。

九　本書著録使用通行繁體字，涉及原文中的人名、地名等，必要時保留原字形。

About this publication

1. The documents are presented in shelfmark order.
2. The shelfmarks are in the form BD plus a running number, eg. BD00001, BD16579, &c. If a given shelfmark contains multiple documents, these are distinguished by the letters A, B, C, &c. If a document has multiple contents, they are distinguished by the numbering 1, 2, 3, &c. The verso side of an item is indicated by the letter v.
3. If it has been necessary to reduce or enlarge the size of an illustration, the dimensions are indicated. If the size of an illustration exceeds the size of the book, a folding sheet is used.
4. If the document is a scroll, a folded sutra, or has a stitched binding, a picture of the whole object is provided to show its external appearance.
5. The cover, front, and back of each document are reproduced in sequence. The back of a document is only reproduced if it contains text, illustrations, or other markings, and it is oriented from right to left. If it is blank it is not reproduced.
6. Except in a few special cases, the lines of text are reproduced unbroken to make them coherent and easier to read.
7. An illustration of the complete document is reproduced at the top of each page, and the section where the main illustration appears is highlighted in order to indicate its position. If it has only been possible to reproduce a long scroll in sections, the direction symbol has been used to indicate where one illustration ends and the next one begins. If the end of the scroll occupies less than one page, the direction symbol is used to indicate its position in the illustration of the complete document. If the text on the back of the document has a different orientation from the text on the front, it is reproduced as it is, but is also rotated (indicated with the rotation symbol) so that it can be read easily.
8. The titles of the documents generally conform with those already established by the Library, but in some cases have been amended by drawing on the most recent scholarly research. The titles are derived firstly from the beginning of the text, then from the end of the text, and lastly from the cover. If the title of a document differs from its authoritative form, the authoritative form is used; and if a document has no title, one is either supplied by comparison with similar documents, or a new one is devised. If the document is not in Chinese, its language is indicated before the title. If the number of juan is different from that of the authoritative version, or if there are other irregularities, this is noted.
9. The documents in the book are in traditional Chinese characters. Where the title contains personal or place names, the original characters used for these names are retained.

(Translated by David Helliwell)

第四十八册目録

BD00706 金光明最勝王經卷五

（唐）義净 譯

630.2cm×26.3cm

夜夢見妙金鼓出
法此之因緣我爲
善思念之過去未
讚稱歎十方三世
過去未來現在
我今至誠稽首礼
無上清淨牟尼尊
一切聲中最爲上
鬚彩喻若黑蜂王
齒白齊密如珂雪
目淨無垢妙端嚴
舌相廣長極柔耎
眉間常有白毫光
眉細纖長類初月

平正顯現有
猶如廣大青蓮葉
譬如紅蓮出水中
右旋宛轉頗梨色
其色光耀比蜂王

[illegible]

世尊㝡勝身金色　一一毛端相不殊
紺青柔耎右旋文　微妙光彩難為喻
初誕身有妙光明　普照一切十方界
能滅三有衆生苦　令彼悉蒙安隱樂
地獄傍生鬼道中　阿蘇羅天及人趣
令彼除滅於衆苦　常受自然安隱樂
身色光明常普照　譬如鎔金妙無比
面貌圓明如滿月　脣色赤好喻頻婆
行步威儀類師子　身光朗耀同初日
臂肘纖長立過膝　狀等垂下娑羅枝
圓光一尋照無邊　赫奕猶如百千日
悉能遍至諸佛刹　隨緣所在覺群迷
淨光明網無倫比　流輝遍滿百千界
普照十方無障礙　一切冥闇悉皆除
善逝慈光能與樂　妙色暎徹等金山

善逝慈光能與樂　妙色殊徹等金山
流光悉至百千土　衆生遇者皆出離
佛身成就無量福　一切功德共莊嚴
超過三界獨稱尊　世間殊勝無與等
所有過去一切佛　數同大地諸微塵
未來現在十方尊　亦如大地微塵衆
我以至誠身語意　稽首歸依三世佛
讃歎無邊功德海　種種香花皆供養
設我口中有千舌　經無量劫讃如來
世尊功德不思議　最勝甚深難可說
假令我舌有百千　讃歎一佛一切德
於中少分尚難知　况諸佛德無邊際
假使大地及諸天　乃至有頂爲海水
可以毛端滴知數　佛一切德甚難量
我以至誠身語意　礼讃諸佛德無邊

願我當於未來世　生在無量無數劫
夢中常見大金鼓　得聞顯說懺悔音
讃佛功德喻蓮花　願證無生成正覺
諸佛出世時一現　於百千劫甚難逢
夜夢常聞妙鼓音　晝則隨應而懺悔
我當圓滿脩六度　拔濟衆生出苦海
然後得成無上覺　佛土清淨不思議
以妙金鼓奉如來　并讃諸佛實功德
因斯當見釋迦佛　記我當紹人中尊
金龍金光是我子　過去曾為善知識
世世願生於我家　共受無上菩提記
若有衆生無救護　長夜轉迴受衆苦
我於來世作歸依　令彼常得安隱樂
三有衆苦願除滅　悉得隨心安樂處
於未來世脩菩提　皆如過去成佛者

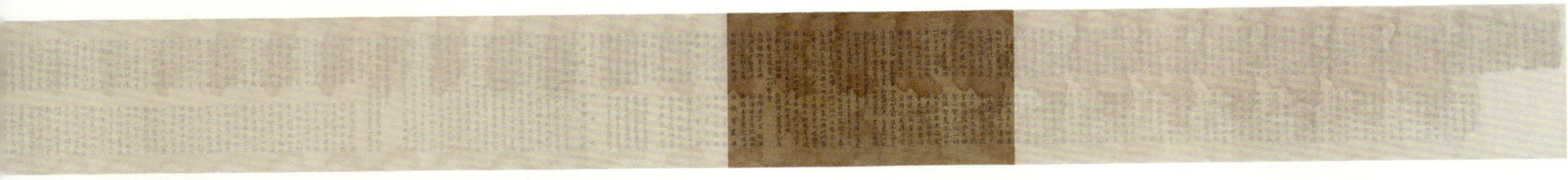

於未來世脩菩提　皆如過去成佛者
願此金光懺悔福　永竭苦海罪消除
業障煩惱悉皆亡　令我速招清淨果
福智大海量無邊　清淨離垢深無底
願我獲斯功德海　速成無上大菩提
以此金光懺悔力　當獲福德淨光明
既得清淨妙光明　常以智光照一切
願我身光等諸佛　福德智慧亦復然
一切世界獨稱尊　威力自在無倫疋
有漏苦海願超越　無為樂海願常遊
現在福海願恒盈　當來智海願圓滿
願我剎土超三界　殊勝功德量無邊
諸有緣者悉同生　皆得速成清淨智
妙幢汝當知　國王金龍主　曾發如是願　彼即是汝身
往時有二子　金龍及金光　即銀相銀光　當受我所記

金光明最勝王經金勝陁羅尼品第八

尒時世尊復於衆中告善住菩薩摩訶薩善
男子有陁羅尼名曰金勝若有善男子善女
人欲求親見過去未來現在諸佛恭敬供養
者應當受持此陁羅尼何以故此陁羅尼乃
是過現未來諸佛之母是故當知持此陁羅
尼者具大福德已於過去無量佛所殖諸善
本今得受持於戒清淨不毁不缺無有障礙
决定能入甚深法門世尊即為説持呪法先
稱諸佛及菩薩名至心礼敬然後誦呪
南謨十方一切諸佛　南謨諸大菩薩摩訶薩
南謨聲聞緣覺一切賢聖
南謨釋迦牟尼佛　南謨東方不動佛
南謨南方寶幢佛　南謨西方陁弥陁佛
南謨北方天鼓音王佛　南謨上方廣衆德佛
南謨下方明德佛　南謨寶藏佛

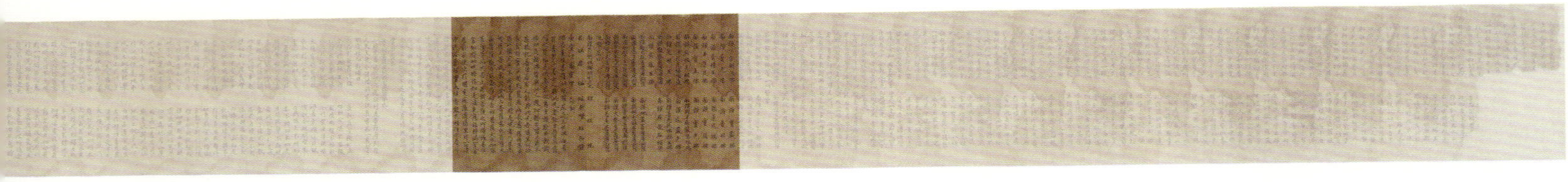

南謨下方明德佛　南謨寶藏佛
南謨普光佛　南謨普明佛
南謨香積王佛　南謨蓮花勝佛
南謨平等見佛　南謨寶髻佛
南謨寶上佛　南謨寶光佛
南謨無垢光明佛　南謨辯才莊嚴思惟佛
南謨淨月光稱相王佛　南謨花嚴光佛
南謨光明王佛　南謨善光無垢稱王佛
南謨觀察無畏自在佛　南謨無畏名稱佛
南謨寂勝王佛
南謨觀自在菩薩摩訶薩　南謨地藏菩薩摩訶薩
南謨虛空藏菩薩摩訶薩　南謨妙吉祥菩薩摩訶薩
南謨金剛手菩薩摩訶薩　南謨普賢菩薩摩訶薩
南謨無盡意菩薩摩訶薩　南謨大勢至菩薩摩訶薩
南謨慈氏菩薩摩訶薩　南謨善惠菩薩摩訶薩

君睇君睇矩折囇矩折囇
壹室哩寠室哩莎訶
佛告善住菩薩此陁羅尼是三世佛母若
有善男子善女人持此呪者能生無量無邊福
德之聚即是供養恭敬尊重讚歎無數諸
佛如是諸佛皆與此人授阿耨多羅三藐三
菩提記善住若有人能持此呪者隨其所欲
衣食財寶多聞聡慧無病長壽獲福甚多
隨所願求無不遂意善住持是呪者乃至未
證無上菩提常與金城山菩薩慈氏菩薩大
海菩薩觀自在菩薩妙吉祥菩薩大氷伽羅
菩薩等而共居止為諸菩薩之所攝護善住
當知持此呪時作如是法先應誦持滿一万遍
為前方便次於闇室莊嚴道場黑月一日清
淨洗浴著鮮潔衣燒香散花種種供養并

淨洗浴著鮮潔衣燒香散花種種供養并
諸飲食入道場中先當稱礼如前所說諸佛
菩薩至心慇重悔先罪已右膝著地可誦前
呪滿一千八遍端坐思惟念其所願日未出時
於道場中食淨黑食日唯一食至十五日方出
道場能令此人福德威力不可思議隨所願
求無不圓滿若不遂意重入道場既稱心已
常持莫忘

金光明最勝王經顯空性品第九

尒時世尊說此呪已爲欲利益菩薩摩訶薩
人天大衆令得悟解甚深真實第一義故重
明空性而說頌曰

我已於餘甚深經　廣說真空微妙法
今復於此經王內　略說空法不思議
於諸廣大甚深法　有情無智不能解

我今於此大衆中　演說令彼明空義
當知此身如空聚　六賊依止不相知
六塵諸賊別依根　各不相知亦如是
眼根常觀於色處　耳根聽聲不斷絕
鼻根恒嗅於香境　舌根鎮嘗於美味
身根受於輕軟觸　意根了法不知猒
此等六根隨事起　各於自境生分別
識如幻化非真實　依止根處妄貪求
如人奔走空聚中　六識依根亦如是
心遍馳求隨處轉　託根緣境了諸事
常愛色聲香味觸　於法尋思無暫停
隨緣遍行於六根　如鳥飛空無障礙
藉此諸根作依處　方能了別於外境
此身無知無作者　體不堅固託緣成
皆從虛妄分別生　譬如機關由業轉

此身無知無作者　體不堅固託緣成
皆從虛妄分別生　譬如機關由業轉
地水火風共成身　隨彼因緣招異果
同在一處相違害　如四毒蛇居一篋
此四大蛇性各異　雖居一處有昇沉
或上或下遍於身　斯等終歸於滅法
於此四種毒蛇中　地水二蛇多沉下
風火二蛇性輕舉　由此乖違衆病生
心識依止於此身　造作種種善惡業
當往人天三惡趣　隨其業力受身形
遭諸疾病身死後　大小便利悉盈流
體爛蟲蛆不可樂　棄在屍林如朽木
汝等當觀法如是　云何執有我衆生
一切諸法盡無常　悉從無明緣力起
彼諸大種咸虛妄　本非實有體無生
故說大種性空寂　知此浮虛本非有

於一切時失正慧　故我說彼為無明
行識為緣有名色　六處及觸受隨生
愛取有緣生老死　憂悲苦惱恒隨逐
衆苦惡業常纏迫　生死輪迴無息時
本來非有體是空　由不如理生分別
我斷一切諸煩惱　常以正智現前行
了五蘊宅悉皆空　求證菩提真實處
我開甘露大城門　示現甘露微妙器
既得甘露真實味　常以甘露施群生
我擊最勝大法鼓　我吹最勝大法螺
我然最勝大明燈　我降最勝大法雨
降伏煩惱諸怨結　建立無上大法幢
於生死海濟群迷　我當關閉三惡趣
煩惱熾火燒衆生　無有救護無依止
清涼甘露充足彼　身心熱惱普皆除

煩惱熾火燒衆生　無有救護無依止
清涼甘露充足彼　身心熱惱普皆除
由是我於無量劫　恭敬供養諸如來
堅持禁戒趣菩提　求證法身安樂處
施他眼耳及手足　妻子僮僕心無悋
財寶七珍莊嚴具　隨來求者咸供給
忍等諸度皆遍修　十地圓滿成正覺
故我得稱一切智　無有衆生度量者
假使三千大千界　盡此土地生長物
所有叢林諸樹木　稻麻竹葦及枝條
此等諸物皆伐取　並悉細末作微塵
隨處積集量難知　乃至充滿虛空界
一切十方諸剎土　所有三千大千界
地土皆悉末為塵　此微塵量不可數
假使一切衆生智　以此智惠與一人

於多俱胝劫數中　不能算知其少分
時諸大衆聞佛說此甚深空性有無量衆
生悉能了達四大五蘊體性俱空六根六境妄
生繫縛願捨輪迴正修出離深心慶喜如
說奉持

金光明最勝王經依空滿願品第十

尒時如意寶光耀天女於大衆中聞說深法
歡喜踊躍從座而起偏袒右肩右膝著地
合掌恭敬白佛言世尊唯願為說於甚深理
修行之法而說頌言

我問照世界　兩足最勝尊　菩薩正行法　唯願慈聽許
佛言善天女　若有疑惑者　隨汝意所問　吾當分別說

是時天女請世尊曰

云何諸菩薩　行菩提正行　離生死涅槃　饒益自他故

佛告善女天依於法界行菩提法修平等行

BD00706　金光明最勝王經卷五

佛告善女天依於法界行菩提法修平等行
云何依於法界行菩提法修平等行謂於五
蘊能現法界法界即是五蘊五蘊不可說非
五蘊亦不可說何以故若法界是五蘊即是
斷見若離五蘊即是常見離於二相不著二
邊不可見過所見無名無相是則名為說於
法界善女天云何五蘊能現法界如是五蘊
不從因緣生何以故若從因緣生者為已生
故生為未生故生若已生生者何用因緣若
未生生者不可得生何以故未生諸法即是
非有無名無相非校量譬喻之所能及非是
因緣之所生故善女天譬如鼓聲依木依皮
及桴手等故得出聲如是鼓聲過去亦空
未來亦空現在亦空何以故是鼓音聲不從
木生不從皮生及桴手生不於三世生是則不

斷若非常非斷則不一不異何以故此若是一
則不異法界若如是者凡夫之人應見真諦
得於無上安樂涅槃既不如是故知不一若
言異者一切諸佛菩薩行相即是執著未
得解脫煩惱繫縛即不證阿耨多羅三藐三
菩提何以故一切聖人於行非行同真實性是
故不異故知五蘊非有非無不從因緣生非
無因緣生是聖所知非餘境故亦非 言說
之所能及無名無相無因無緣亦無譬喻始
終寂靜本來自空是故五蘊能現法界善
女天若善男子善女人欲求阿耨多羅三藐三
菩提異真異俗難可思量於凡聖境體非一
異不捨於俗不離於真依於法界行菩提行
爾時世尊作是語已時善女天踴躍歡喜即
從座起偏袒右肩右膝著地合掌恭敬一心

尒時世尊作是語已時善女天踊躍歡喜即
從座起偏袒右肩右膝著地合掌恭敬一心
頂礼而白佛言世尊如上所說菩提正行我
今當學是時索訶世界主大梵天王於大衆
中問如意寶光耀善女天曰此菩提行難可
脩行汝今云何於菩提行而得自在尒時善
女天荅梵王曰大梵王如佛所說實是甚深
一切異生不解其義是聖境界微妙難知若
使我今依於此法得安樂住是實語者願令
一切五濁惡世無量無數無邊衆生皆得金
色卅二相非男非女坐寶蓮花受無量樂雨
天妙花諸天音樂不鼓自鳴一切供養皆悉
具足善女天說是語已一切五濁惡世所有
衆生皆悉金色具大人相非男非女坐寶
蓮花受無量樂猶如他化自在天宮無諸惡

轉女身作梵天身時大梵王問如意寶光耀
菩薩言仁者如何行菩提行荅言梵王若
水中月行菩提行我亦行菩提行若夢中行
菩提行我亦行菩提行若陽焰行菩提行我
亦行菩提行若谷響行菩提行我亦行菩提
行時大梵王聞此說已白菩薩言仁依何義
說此語荅言梵王無有一法是實相者但由
因緣而得成故梵王言若如是者諸凡夫人
皆悉應得阿耨多羅三藐三菩提荅言以
何意而作是說愚癡人異智慧人異菩提異
非菩提異解脫異非解脫異梵王如是諸法平
等無異於此法界真如不異無有中間而可
執著無增無減梵王譬如幻師及幻弟子
善解幻術於四衢道取諸沙土草木葉等
聚在一處作諸幻術使人覩見象衆馬衆車兵

善解幻術於四衢道取諸沙土草木葉等
聚在一處作諸幻術使人覩見象衆馬衆車兵
等衆七寶之聚種種倉庫若有衆生愚癡
無智不能思惟不知幻本若見若聞作是思惟
我所見聞象馬等衆此是實有餘皆虛妄於
後更不審察思惟有智之人則不如是了於
幻本若見若聞作如是念如我所見象馬等
衆非是真實唯有幻事惑人眼目妄謂為
等及諸倉庫有名無實如我見聞不執為實後
時思惟知其虛妄是故智者了一切法皆無
實體但隨世俗如見如聞表宣其事思惟諦
理則不如是復由假說顯實義故梵王愚癡
異生未得出世聖慧之眼未知一切諸法真如
不可說故是諸凡愚若見若聞行非行法
如是思惟便生執著謂以為實於第一義不

有了知一切無實行法無實非行法但妄思
量行非行相唯有名字無有實體是諸聖人
隨世俗說為欲令他知真實義如是梵王是
諸聖人以聖智見了法真如不可說故行非
行法亦復如是令他證知故說種種世俗名言
時大梵王問如意寶光耀菩薩言有幾衆生
能解如是甚深正法答言梵王有衆幻人心
心數法能解如是甚深正法梵王曰此幻化
人體是非有此之心數從何而生答曰若知法
界不有不無如是衆生能解深義
尒時梵王白佛言世尊是如意寶光耀菩薩
不可思議通達如是甚深之義佛言如是如
是梵王如汝所言此如意寶光耀已教汝等發
心脩學無生忍法是時大梵天王與諸梵衆
從座而起偏袒右肩合掌恭敬頂禮如意寶

從座而起偏袒右肩合掌恭敬頂礼如意寶
光耀菩薩足作如是言希有希有我等今
日幸遇大士得聞正法
尒時世尊告梵王言是如意寶光耀菩薩於未来
世當得作佛号寶燄吉祥藏如来應正遍知
明行圓滿善逝世間解無上士調御丈夫天
人師佛世尊說是品時有三千億菩薩於阿
耨多羅三藐三菩提得不退轉八千億天子
無量無數國王臣民遠塵離垢得法眼淨
尒時會中有五十億苾芻行菩薩行欲退菩
提心聞如意寶光耀菩薩說是法時皆得堅
固不可思議滿足上願更復發起菩提之心
各自脫衣供養菩薩重發無上勝進之心作
如是願願令我等功德善根悉皆不退迴向
阿耨多羅三藐三菩提梵王是諸苾芻依此

僧祇劫當得作佛劫名難勝光王國名無垢
光同時皆得阿耨多羅三藐三菩提皆同一号
名願莊嚴聞飾王十号具足梵王是金光
明最妙經典若正聞持有大威力假使有人
於百千大劫行六波羅蜜無有方便若有善
男子善女人書寫如是金光明經半月半月
專心讀誦是功德聚於前功德百分不及一
乃至筭數譬喻所不能及梵王是故我今令
汝脩學憶念受持為他廣說何以故我於往昔
行菩薩道時猶如勇士入於戰陣不惜身命
流通如是微妙經王受持讀誦為他解說梵
王譬如轉輪聖王若王在世七寶不滅王若命
終所有七寶自然滅盡梵王是金光明微妙
經王若現在世無上法寶悉皆不滅若無是
經隨處隱沒是故應當於此經王專心聽

BD00706　金光明最勝王經卷五

經隨處隱沒是故應當於此經王專心聽
聞受持讀誦為他解說勸令書寫行精進
波羅蜜不惜身命不憚疲勞功德中勝我
諸弟子應當如是精勤修學
尒時大梵天王與無量梵眾帝釋四王及諸
藥叉俱從座起偏袒右肩右膝著地合掌恭
敬而白佛言世尊我等皆願守護流通是金
光明微妙經典及說法師若有諸難我當除
遣令具眾善色力充足辯才無礙身意泰
然時會聽者皆受安樂所在國土若有飢饉惡
賊非人為惱害者我等天眾皆為擁護使其
人民安隱豐樂無諸枉橫皆是我等天眾之
力若有供養是經典者我等亦當恭敬供
養如佛不異
尒時佛告大梵天王及諸梵眾乃至四王諸

邊殊勝之福速成無上正等菩提時梵王等
聞佛語已歡喜頂受
金光明最勝王經四天王觀察人天品第十一
爾時多聞天王持國天王增長天王廣目天王
俱從座起偏袒右肩右膝著地合掌向佛礼
佛足已白言世尊是金光明最勝王經一切諸
佛常念觀察一切菩薩之所恭敬一切天龍常
所供養及諸天衆常生歡喜一切護世稱揚
讚歎聲聞獨覺皆共受持悉能明照諸
天宮殿能與一切衆生殊勝安樂止息地
獄餓鬼傍生諸趣苦惱一切怖畏悉能除殄
所有怨敵尋即退散飢饉惡時能令豐稔
疾疫病苦皆令蠲愈一切災變百千苦惱咸
悉消滅世尊是金光明最勝王經能爲如是
安隱利樂饒益我等唯願世尊於大衆中廣

安隱利樂饒益我等唯願世尊於大衆中廣
爲宣説我等四王并諸眷屬聞此甘露無上
法味氣力充實增益威光精進勇猛神通倍
勝世尊我等四王修行正法常説正法以法化
世我等令彼天龍藥叉健闥婆阿蘇羅揭路
荼俱槃荼緊那羅莫呼羅伽及諸人王常以
正法而化於世遮去諸惡所有鬼神吸人精
氣無慈悲者悉令遠去世尊我等四王與二
十八部藥叉大將并與無量百千藥叉以淨天
眼過於世人觀察擁護此贍部洲世尊以
此因緣我等諸王名護世者又復於此洲中若
有國王被他怨賊常來侵擾及多飢饉疾疫
流行無量百千災厄之事世尊我等四王於
此金光明最勝王經恭敬供養若有苾芻
法師受持讀誦我等四王共往覺悟勸請

令彼無量百千衰惱災厄之事悉皆除遣世
尊若諸人王於其國内有持是經苾芻法師
至彼國時當知此經亦至其國世尊時彼國王
應往法師處聽其所說聞已歡喜於彼法師
恭敬供養深心擁護令無憂惱演說此經利
益一切世尊以是緣故我等四王皆共一心護
是人王及國人民令離災患常得安隱世尊
若有苾芻苾芻尼鄔波索迦鄔波斯迦持
是經者時彼人王隨其所須供給供養令無
之少我等四王令彼國主及以國人悉皆安隱
人王於此供養恭敬尊重讚歎我等當令
彼王於諸王中恭敬尊重最為第一諸餘國
王共所稱歎大衆聞已歡喜受持

金光明最勝王經卷第五

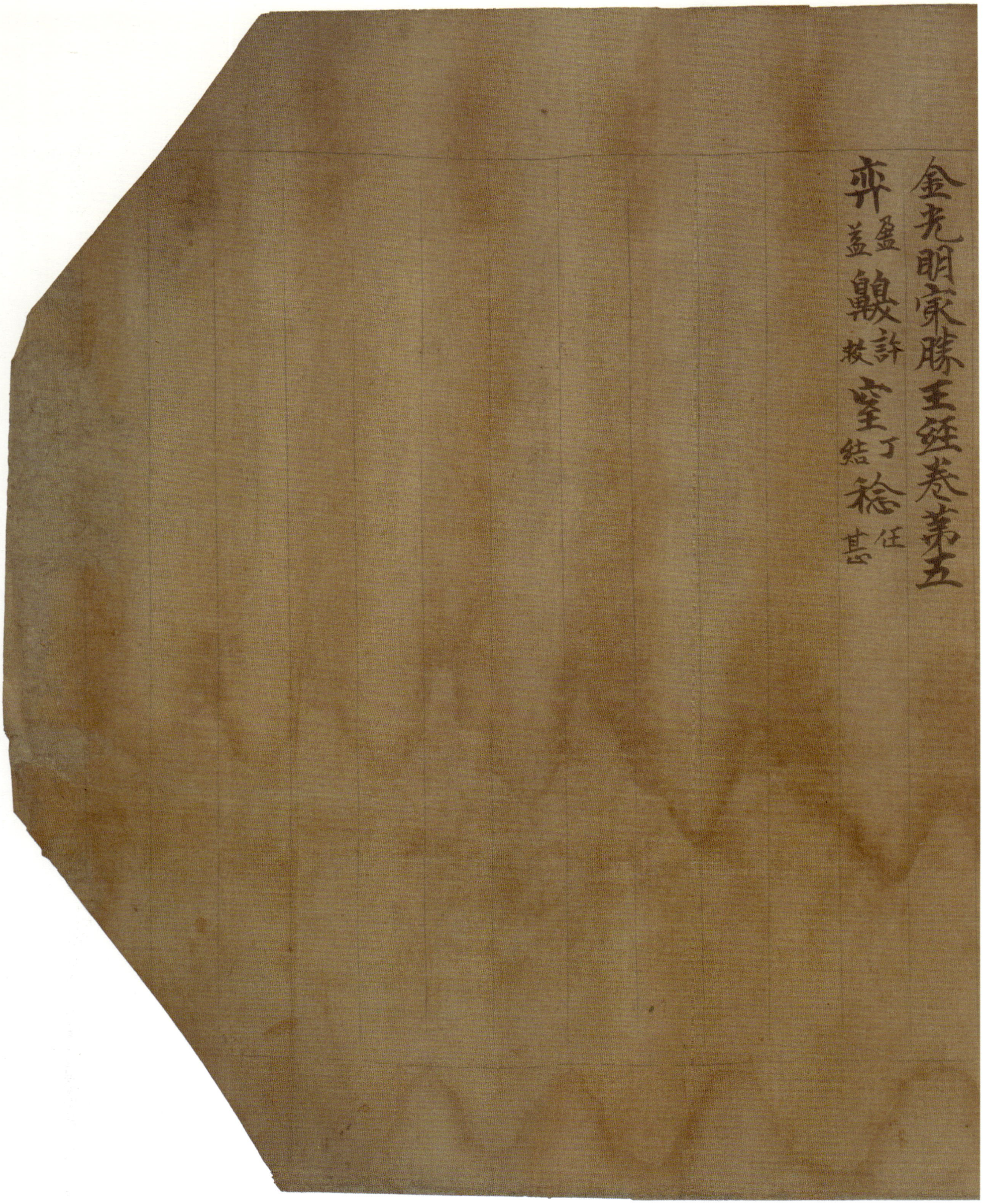

金光明冣勝王經卷苐五
弈盈蓋 齅許救 窒丁結 稔任甚

BD00707 金光明最勝王經卷六

（唐）義净 譯

BD00707v 大般若波羅蜜多經卷五八三外題

352.1cm × 27.6cm

（8-1）

金光明最勝王經四天王護國品第十二　三藏法師義淨奉制譯

爾時世尊聞四天王恭敬供養金光明經及
能擁護諸持經者讚言善哉善哉汝等四王
已於過去无量百千万億佛所恭敬供養尊
重讚嘆植諸善根脩行正法常說正法以法
化世汝等長夜於諸衆生常思利益起大慈
心願与安樂以是因緣能令汝等現受勝報
若有人王恭敬供養此金光明最勝經典汝
等應當勤加守護令得安隱汝諸四王及餘
眷屬无量无數百千藥叉護是經者即是護
持去来現在諸佛正法汝等四王及餘天衆
并諸藥叉与阿蘇羅共鬪戰時常得勝利汝
等若能護持是經由經力故能除衆苦怨賊
飢饉及諸疾疫是故汝等若見四衆受持讀
誦此經王者亦應勤心共加守護為除衰惱

BD00707　金光明最勝王經卷六

誦此經王者亦應勤心共加守護為除衰惱
施与安樂
尒時四天王即從座起偏袒右肩右膝著地合
掌恭敬白佛言世尊此金光明最勝經王於未
來世若有國土城邑聚落山林曠野隨所至
處流布之時若彼國王於此經典至心聽受
稱歎供養并復供給受持是經四部之衆
深心擁護令離衰惱以是因緣我護彼王
及諸人衆皆令安隱遠離憂苦增益壽命威
德具足世尊若彼國王見於四衆受持經者
恭敬守護猶如父母一切所須悉皆供給我
等四王常為守護令諸有情无不尊敬是故
我等并与无量藥叉諸神隨此經王所流布
處潛身擁護令无留難亦當護念聽是經人

是念當具四兵壞彼國土世尊以是經王威
神力故是時隣敵更有異怨而來侵擾於其
境界多諸災變疫病流行時王見已即嚴四
兵發向彼國欲爲討罰我等尒時當與眷屬
无量无邊藥叉諸神各自隱形爲作護助令
彼怨敵自然降伏尚不敢來至其國界豈復
得有兵戈相罰
尒時佛告四天王善哉善哉汝等四王乃能
擁護如是經典我於過去百千俱胝那庾多
劫脩諸苦行得阿耨多羅三藐三菩提證一
切智今說是法若有人王受持是經恭敬供
養者爲消衰患令其安隱亦復擁護城邑聚
落乃至怨賊悉令退散亦令一切贍部洲內
所有諸王永无衰惱鬪諍之事四王當知此

落[illegible]
所有諸王永无衰惱鬪諍之事四王當知此
贍部洲八万四千城邑聚落八万四千諸人
王等各於其國受諸快樂皆得自在所有財
寶豐足受用不相侵奪隨彼宿因而受其報
不起惡念貪求他國咸生少欲利樂之心无
有鬪戰繫縛等苦其土人民自然愛樂上下
和穆猶如水乳情相愛重歡喜遊戲慈悲謙
讓增長善根以是因緣此贍部洲安隱豐樂
人民熾盛大地沃壤寒暑調和時不乖序日
月星宿常度无虧風雨隨時離諸灾橫資產
財寶皆悉豐盈心无慳鄙常行慧施具十善
業若人命終多生天上增益天衆大王若未
來世有諸人王聽受是經恭敬供養并受持
經四部之衆尊重稱讚復欲安樂饒益汝等
[illegible]

上味增益汝等身心勢力精進勇猛福德威
光悉令充滿是諸人王若能至心聽受是經
則為廣大希有供養供養我釋迦牟尼應
正等覺若供養我則是供養過去未來現在
百千俱胝那庾多佛若能供養三世諸佛則
得无量不可思議功德之聚以是因緣汝等
應當擁護彼王后妃眷屬令无衰惱及宮宅
神常受安樂功德難思是諸國土所有人民
亦受種種五欲之樂一切惡事皆令消殄
尒時四天王白佛言世尊於未來世若有人
王樂聽如是金光明經為欲擁護自身后妃
王子乃至內宮諸婇女等城邑宮殿皆得第
一不可思議最上歡喜寂靜安樂於現世中
王位尊高自在昌盛常得增長復欲攝受无

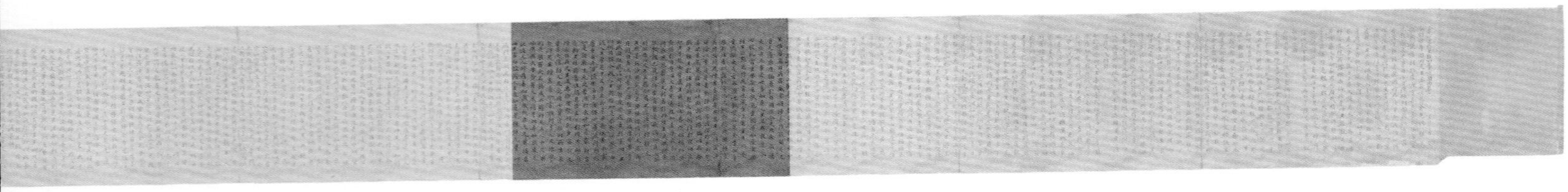

王位尊高自在昌盛常得增長復欲攝受无
量无邊難思福聚於自國土令无怨敵及諸
憂惱災厄事者世尊如是人王不應放逸令
心散乱當生恭敬至誠慇重聽受如是最勝
經王欲聽之時先當莊嚴最上宮室王所愛
重顯敞之處香水灑地散衆名花安置師子
殊勝法座以諸珎寶而為校飾張施種種寶
蓋幢幡燒无價香奏諸音樂其王尒時當淨
澡浴以香塗身著新淨衣及諸瓔珞坐小卑
座不生高舉捨自在位離諸憍慢端心正念
聽是經王於法師所起大師想復於宮內后
妃王子婇女眷屬生慈悲心喜悅相視和顏
愛語於自身心大喜充遍作如是念我今獲
得難思殊勝廣大利益於此經王盛興供養

王應著純淨鮮潔之衣種種瓔珞以為嚴飾
自持白蓋及以香花備整軍儀盛陳音樂步
出城闕迎彼法師運想虔恭為吉祥事四王
以何因緣令彼人王親作如是恭敬供養由
彼人王舉足下足步步即是恭敬供養承事
尊重百千万億那庾多諸佛世尊復得超越
如是劫數生死之苦復於來世如是數劫當
受輪王殊勝尊位隨其步步亦於現世福德
增長自在為王感應難思衆所欽重當於无
量百千億劫人天受用七寶宮殿所在生處
常得為王增益壽命言詞辯了人天信受无
所畏懼有大名稱咸共瞻仰天上人中受勝
妙樂獲大力勢有大威德身相奇妙端嚴无
比值天人師遇善知識成就具足无量福聚
四王當知彼諸人王見如是等種種无量功

四王當知彼諸人王見如是等種種无量一切
德利益故應自往奉迎法師若一踰繕那乃
至百千踰繕那於說法師應生佛想還至城
邑作如是念今日釋迦牟尼如來應正等覺
入我宮中受我供養為我說法我聞法已即
於阿耨多羅三藐三菩提不復退轉即是值
遇百千万億那庾多諸佛世尊我於今日即
是種種廣大殊勝上妙樂具供養過去未來
現在諸佛我於今日即是永拔琰魔王界地
獄餓鬼傍生之苦便為已種无量百千万億
輪轉聖王釋梵天主善根種子當令无量百
千万億衆生出生死苦得涅槃樂積集无量
无邊不可思議福德之聚後宮眷屬及諸人
民皆蒙安隱國土清泰无諸災厄毒害惡人
他方怨敵不來侵擾遠離憂患四王當知時

[illegible]
恭敬尊重讚嘆所獲善根先以勝福施与汝
等及諸眷屬彼之人王有大福德善業因緣
於現世中得大自在增益威光吉祥妙相皆
悉莊嚴一切怨敵能以正法而摧伏之尒時
四天王白佛言世尊若有人王能作如是恭
敬正法聽此經王并於四衆持經之人恭敬
供養尊重讚嘆時彼人王欲為我等生歡
喜故當在一邊近於法座香水灑地散衆
名花安置處所設四王座我与彼王共聽正
法其王所有自利善根亦以福分施及我等
世尊時彼人王請說法者昇座之時便為
我等燒衆名香供養是經世尊時彼香烟於
一念須上昇虛空即至我等諸天宮殿於虛
空中變成香蓋我等天衆聞彼妙香香有金
光照曜我等所居宮殿乃至梵宮及以帝釋

光照曜我等所居宮殿乃至梵宮及以帝釋
大辯才天大吉祥天堅牢地神正了知大將二
十八部諸藥叉神大自在天金剛密主寶賢
大將訶利底母五百眷屬无熱惱池龍王大
海龍王所居之處世尊如是等衆於自宮殿
見彼香烟一剎那須變成香蓋聞香芬馥覩
色光明遍至一切諸天神宮佛告四天王是香
光明非但至此宮殿變成香蓋放大光明由
彼人王手執香爐燒衆名香供養經時其香
烟氣於一念須遍至三千大千世界百億日
月百億妙高山王百億四洲於此三千大千
世界一切天龍藥叉揵闥婆阿蘇羅揭路茶
緊那羅莫呼洛伽宮殿之所於虛空中充滿
而住種種香烟變成雲蓋其蓋金色普照天
宮如是三千大千世界所有種種香雲香蓋

千大千世界於一念頃然遍十方无量无邊
恒河沙等百千万億諸佛國土於諸佛上虚
空之中變成香蓋金色普照然復如是時彼
諸佛聞此妙香覩斯雲蓋及以金色於十
方界恒河沙等諸佛世尊現神變已彼諸世
尊悉共觀察異口同音讚法師曰善哉善哉
汝大丈夫能廣流布如是甚深微妙經典則
為成就无量无邊不可思議福德之聚若有
聽聞如是經者所獲功德其量甚多何况書
寫受持讀誦為他敷演如說修行何以故善
男子若有衆生聞此金光明最勝王經者即
於阿耨多羅三藐三菩提不復退轉
尒時十方有百千俱胝那庾多无量无數恒
河沙等諸佛剎土彼諸剎土一切如來異口
同音於法座上讚彼法師言善哉善哉善男

同音於法座上讚彼法師言善哉善哉善男
子汝於未世以精勤力當脩无量百千苦行
具足資粮超諸聖衆出過三界爲最勝尊
當坐菩提樹王之下殊勝莊嚴能救三千大千
世界有緣衆生善能摧伏可畏形儀諸魔軍
衆覺了諸法最勝清淨甚深无上正等菩提
善男子汝當坐於金剛之座轉於无上諸佛
所讚十二妙行甚深法輪能擊无上最大法
鼓能吹无上極妙法螺能建无上殊勝法幢
能然无上極明法炬能降无上甘露法雨能
断无量煩惱惡結能令无量百千万億那庾
多有情度於无涯可畏大海解脱生死无際
輪迴值遇无量百千万億那庾多佛
尒時四天王復白佛言世尊是金光明最勝
王經能於未來現在成就如是无量功德是

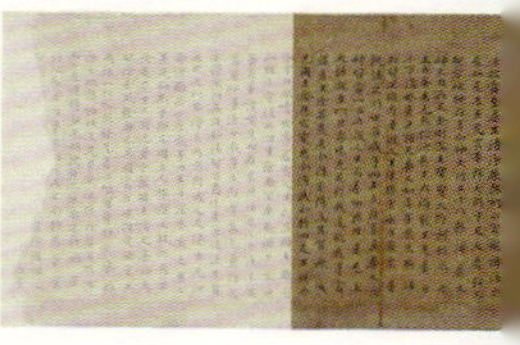

念復見无量福德利故我等四王及餘眷屬
无量百千万億諸神於自宮殿見是種種香
烟雲蓋神變之時我當隱蔽不現其身為聽
法故當至是王清淨嚴飾所止宮殿講法之
處如是乃至梵宮帝釋大辯才天大吉祥天
堅牢地神正了知神大將二十八部諸藥叉
神大自在天金剛密主寶賢大將訶利底母
五百眷屬无熱惱池龍王大海龍王无量百
千万億那庾多諸天藥叉如是等衆為聽法
故皆不現身至彼人王殊勝宮殿莊嚴高座
說法之所世尊我等四王及餘眷屬藥叉諸
神皆當一心共彼人王為善知識因是无上
大法施主以甘露味充足於我是故我等當
護是王除其衰患令得安隱及其宮殿城
邑國土諸惡災變悉令消滅尒時四天王俱共

護是王除其衰患令得安隱及其宮殿城
邑國土諸惡災變悉令消滅尒時四天王俱共
合掌白佛言世尊若有人王於其國土雖有
此經未嘗流布心生捨離不樂聽聞亦不供
養尊重讚嘆見四部衆持經之人亦復不能
尊重供養遂令我等及餘眷屬无量諸天
不得聞此甚深妙法背甘露味失正法流无有
威光及以勢增長惡趣損減人天墜生死河
乖涅槃路世尊我等四王并諸眷屬及藥叉
等見如斯事捨其國土无擁護心非但我等
捨棄是王亦有无量守護國土諸大善神悉
皆捨去既捨離已其國當有種種災禍喪失
國位一切人衆皆无善心唯有繫縛殺害瞋
諍互相讒諂枉及无辜疾疫流行彗星數出
兩日並現薄蝕无恒黑白二虹表不祥相星

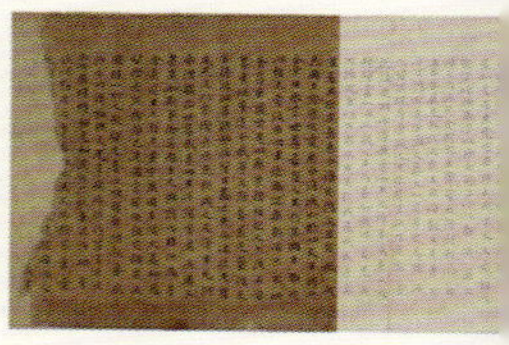

我等

BD00707　金光明最勝王經卷六

BD00707v　大般若波羅蜜多經卷五八三外題

BD00708 大般若波羅蜜多經卷二六六

（唐）玄奘 譯

436.9cm × 27.5cm

無□□
空清淨無二無□
智智清淨故無忘失法清淨無忘失法清淨
故四無色定清淨何以故若一切智智清淨
若無忘失法清淨若四無色定清淨無二無
二分無別無斷故一切智智清淨故恒住捨
性清淨恒住捨性清淨故四無色定清淨何
以故若一切智智清淨若恒住捨性清淨若
四無色定清淨無二無二分無別無斷故善
現一切智智清淨故一切智智清淨一切智智清
淨故四無色定清淨何以故若一切智智清淨
若一切智智清淨若四無色定清淨無二無
二分無別無斷故一切智智清淨故道相智
一切相智清淨道相智一切相智清淨故四
□□□□□何以故若一切智智清淨若道

無二分無別無斷故善現一切智智清淨故
一切陁羅尼門清淨一切陁羅尼門清淨故
四無色定清淨何以故若一切智智清淨若
一切陁羅尼門清淨若四無色定清淨無二
無二分無別無斷故一切智智清淨故一切
三摩地門清淨一切三摩地門清淨故四
無色定清淨何以故若一切智智清淨若一
切三摩地門清淨若四無色定清淨無二無
二分無別無斷故
善現一切智智清淨故預流果清淨預流果
清淨故四無色定清淨何以故若一切智智
清淨若預流果清淨若四無色定清淨無二
無二分無別無斷故一切智智清淨故一來
不還阿羅漢果清淨一來不還阿羅漢果清

BD00708　大般若波羅蜜多經卷二六六

無二分無別無斷故善現一切
不退阿羅漢果清淨一來不還阿羅漢果清
淨故四無色定清淨何以故若一切智智清
淨若一來不還阿羅漢果清淨若四無色定
清淨無二無二分無別無斷故善現一切智
智清淨故獨覺菩提清淨獨覺菩提清淨故
四無色定清淨何以故若一切智智清淨若
獨覺菩提清淨若四無色定清淨無二無二
分無別無斷故善現一切智智清淨故一切
菩薩摩訶薩行清淨一切菩薩摩訶薩行清
淨故四無色定清淨何以故若一切智智清
淨若一切菩薩摩訶薩行清淨若四無色定
清淨無二無二分無別無斷故善現一切智
智清淨故諸佛無上正等菩提清淨諸佛無
上正等菩提清淨故四無色定清淨何以故

故
復次善現一切智智清淨故色清淨色清淨
故八解脫清淨何以故若一切智智清淨若
色清淨若八解脫清淨無二無二分無別無
斷故一切智智清淨故受想行識清淨受想
行識清淨故八解脫清淨何以故若一切智
智清淨若受想行識清淨若八解脫清淨無
二無二分無別無斷故善現一切智智清淨
故眼處清淨眼處清淨故八解脫清淨何以
故若一切智智清淨若眼處清淨若八解脫
清淨無二無二分無別無斷故一切智智清
淨故耳鼻舌身意處清淨耳鼻舌身意處
清淨故八解脫清淨何以故若一切智智清淨
若耳鼻舌身意處清淨若八解脫清淨無二

若耳鼻舌身意處清淨若八解脫清淨無二
無二分無別無斷故善現一切智智清淨故
色處清淨色處清淨故八解脫清淨何以故
若一切智智清淨若色處清淨若八解脫清
淨無二無二分無別無斷故一切智智清淨
故聲香味觸法處清淨聲香味觸法處清
淨故八解脫清淨何以故若一切智智清淨若
聲香味觸法處清淨若八解脫清淨無二無
二分無別無斷故善現一切智智清淨故眼
界清淨眼界清淨故八解脫清淨何以故若
一切智智清淨若眼界清淨若八解脫清淨
無二無二分無別無斷故一切智智清淨故
色界眼識界及眼觸眼觸為緣所生諸受清
淨色界乃至眼觸為緣所生諸受清淨故八

淨無二無二分無別無斷故善現一切智智
清淨故耳界清淨耳界清淨故八解脫清淨
何以故若一切智智清淨若耳界清淨若八
解脫清淨無二無二分無別無斷故一切智
智清淨故聲界耳識界及耳觸耳觸為緣所
生諸受清淨聲界乃至耳觸為緣所生諸受
清淨故八解脫清淨何以故若一切智智清
淨若聲界乃至耳觸為緣所生諸受清淨若
八解脫清淨無二無二分無別無斷故善現一
切智智清淨故鼻界清淨鼻界清淨故八
解脫清淨何以故若一切智智清淨若鼻界
清淨若八解脫清淨無二無二分無別無斷
故一切智智清淨故香界鼻識界及鼻觸鼻
觸為緣所生諸受清淨香界乃至鼻觸為緣

觸為緣所生諸受清淨香界乃至鼻觸為緣
所生諸受清淨故八解脫清淨何以故若一
切智智清淨若香界乃至鼻觸緣所生諸
受清淨若八解脫清淨無二無二分無別無
斷故善現一切智智清淨故舌界清淨舌界
清淨故八解脫清淨何以故若一切智智清
淨若舌界清淨若八解脫清淨無二無二分
無別無斷故一切智智清淨故味界舌識界
及舌觸舌觸為緣所生諸受清淨味界乃至
舌觸為緣所生諸受清淨故八解脫清淨何
以故若一切智智清淨若味界乃至舌觸為
緣所生諸受清淨若八解脫清淨無二無二
分無別無斷故善現一切智智清淨故身界
清淨身界清淨故八解脫清淨何以故若一

無二無二分無別無斷故一切智智清淨故
觸界身識界及身觸身觸為緣所生諸受清
淨觸界乃至身觸為緣所生諸受清淨故八解
脫清淨何以故若一切智智清淨若觸界乃
至身觸為緣所生諸受清淨若八解脫清淨
無二無二分無別無斷故善現一切智智清
淨故意界清淨意界清淨故八解脫清淨何
以故若一切智智清淨若意界清淨若八解
脫清淨無二無二分無別無斷故一切智智
清淨故法界意識界及意觸意觸為緣所生
諸受清淨法界乃至意觸為緣所生諸受清
淨故八解脫清淨何以故若一切智智清淨
若法界乃至意觸為緣所生諸受清淨若八
解脫清淨無二無二分無別無斷故善現一
切智智清淨故地界清淨地界清淨故八觸

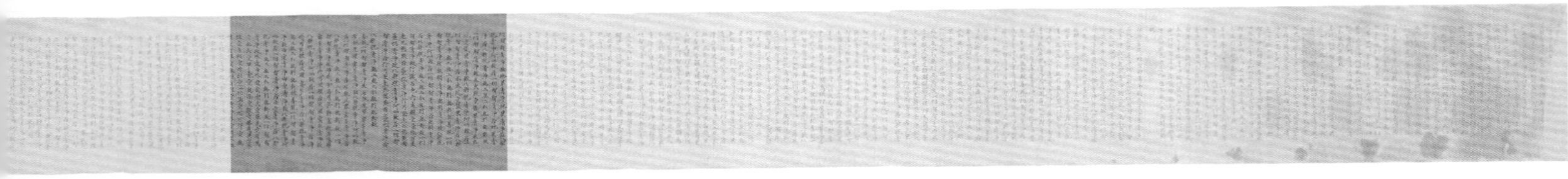

切智智清淨故地界清淨地界清淨故八解
脫清淨何以故若一切智智清淨若地界清
淨若八解脫清淨無二無二分無別無斷故
一切智智清淨故水火風空識界清淨水火
風空識界清淨故八解脫清淨何以故若一
切智智清淨若水火風空識界清淨若八解
脫清淨無二無二分無別無斷故善現一切
智智清淨故無明清淨無明清淨故八解脫
清淨何以故若一切智智清淨若無明清淨
若八解脫清淨無二無二分無別無斷故一切
智智清淨故行識名色六處觸受愛取有生
老死愁歎苦憂惱清淨行乃至老死愁歎苦
憂惱清淨故八解脫清淨何以故若一切智
智清淨若行乃至老死愁歎苦憂惱清淨若

布施波羅蜜多清淨故八解脫清淨何以故
若一切智智清淨若布施波羅蜜多清淨若
八解脫清淨無二無二分無別無斷故一切
智智清淨故淨戒安忍精進靜慮般若波羅
蜜多清淨淨戒乃至般若波羅蜜多清淨故
八解脫清淨何以故若一切智智清淨若淨
戒乃至般若波羅蜜多清淨若八解脫清淨
無二無二分無別無斷故善現一切智智清
淨故內空清淨內空清淨故八解脫清淨何
以故若一切智智清淨若內空清淨若八解
脫清淨無二無二分無別無斷故一切智智
清淨故外空內外空空空大空勝義空有為
空無為空畢竟空無際空散空無變異空本
性空自相空共相空一切法空不可得空無
性空自性空無性自性空清淨外空乃至無

性空自相空共相空一切法空不可得空無
性空自性空無性自性空清淨外空乃至無
性自性空清淨故八解脫清淨何以故若一
切智智清淨若外空乃至無性自性空清淨
若八解脫清淨無二無二分無別無斷故
善現一切智智清淨故真如清淨真如清淨
故八解脫清淨何以故若一切智智清淨若
真如清淨若八解脫清淨無二無二分無別
無斷故一切智智清淨故法界法性不虛妄
性不變異性平等性離生性法定法住實際
虛空界不思議界清淨法界乃至不思議界
清淨故八解脫清淨何以故若一切智智清
淨若法界乃至不思議界清淨若八解脫清
淨無二無二分無別無斷故善現一切智智

淨若八解脫清淨無二無二分無別無斷故
一切智智清淨故集滅道聖諦清淨集滅道
聖諦清淨故八解脫清淨何以故若一切智
智清淨若集滅道聖諦清淨若八解脫清淨
無二無二分無別無斷故善現一切智智清
淨故四靜慮清淨四靜慮清淨故八解脫清
淨何以故若一切智智清淨若四靜慮清淨
若八解脫清淨無二無二分無別無斷故一
切智智清淨故四無量四無色定清淨四無
量四無色定清淨故八解脫清淨何以故若
一切智智清淨若四無量四無色定清淨若
八解脫清淨無二無二分無別無斷故善現
一切智智清淨故八勝處清淨八勝處清淨
故八解脫清淨何以故若一切智智清淨若

一切智智清淨故八勝處清淨八勝處清淨
故八解脫清淨何以故若一切智智清淨若
八勝處清淨若八解脫清淨無二無二分無
別無斷故一切智智清淨故九次第定十遍
處清淨九次第定十遍處清淨故八解脫清
淨何以故若一切智智清淨若九次第定十
遍處清淨若八解脫清淨無二無二分無別
無斷故善現一切智智清淨故四念住清淨
四念住清淨故八解脫清淨何以故若一切
智智清淨若四念住清淨若八解脫清淨無
二無二分無別無斷故一切智智清淨故四正
斷四神足五根五力七等覺支八聖道支清
淨四正斷乃至八聖道支清淨故八解脫
清淨何以故若一切智智清淨若四正斷乃

分無別無斷故善現一切智智清淨故空解
脫門清淨空解脫門清淨故八解脫清淨何
以故若一切智智清淨若空解脫門清淨若
八解脫清淨無二無二分無別無斷故一切
智智清淨故無相無願解脫門清淨無相無
願解脫門清淨故八解脫清淨何以故若一
切智智清淨若無相無願解脫門清淨若八
解脫清淨無二無二分無別無斷故善現一
切智智清淨故菩薩十地清淨菩薩十地清
淨故八解脫清淨何以故若一切智智清淨
若菩薩十地清淨若八解脫清淨無二無二
分無別無斷故
善現一切智智清淨故五眼清淨五眼清淨
故八解脫清淨何以故若一切智智清淨若
五眼清淨若八解脫清淨無二無二分無別

五眼清淨若八解脫清淨無二無二分無別
無斷故善現一切智智清淨故六神通清淨
六神通清淨故八解脫清淨何以故若一切
智智清淨若六神通清淨若八解脫清淨無
二無二分無別無斷故善現一切智智清淨
故佛十力清淨佛十力清淨故八解脫清淨
何以故若一切智智清淨若佛十力清淨若
八解脫清淨無二無二分無別無斷故一切
智智清淨故四無所畏四無礙解大慈大悲
大喜大捨十八佛不共法清淨四無所畏乃
至十八佛不共法清淨故八解脫清淨何以
故若一切智智清淨若四無所畏乃至十
八佛不共法清淨若八解脫清淨無二無二
分無別無斷故善現一切智智清淨故無忘

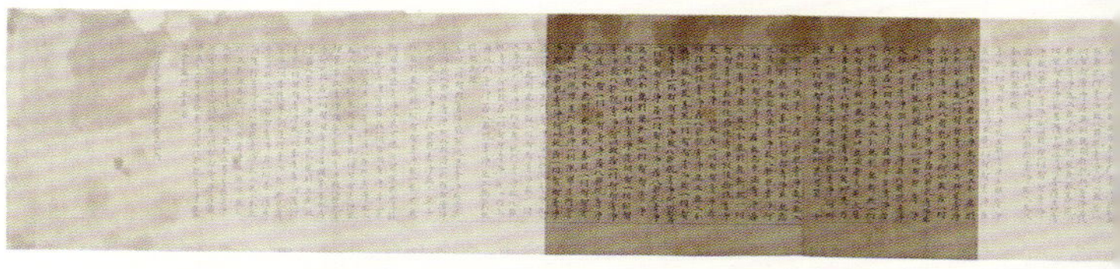

八解脫清淨無二無二分無別無斷故一切
智智清淨故恒住捨性清淨恒住捨性清淨
故八解脫清淨何以故若一切智智清淨若
恒住捨性清淨若八解脫清淨無二無二分
無別無斷故善現一切智智清淨故一切智
智清淨一切智智清淨故八解脫清淨何以故若
一切智智清淨若一切智智清淨若八解脫清淨
無二無二分無別無斷故一切智智清淨
故道相智一切相智清淨道相智一切相智
清淨故八解脫清淨何以故若一切智智清淨
若道相智一切相智清淨若八解脫清淨
無二無二分無別無斷故善現一切智智清
淨故一切陀羅尼門清淨一切陀羅尼門清
淨故八解脫清淨何以故若一切智智清淨

淨故一切陁羅尼門清淨一切陁羅尼門清
淨故八解脫清淨何以故若一切智智清淨
若一切陁羅尼門清淨若八解脫清淨無二
無二分無別無斷故一切智智清淨故一切
三摩地門清淨一切三摩地門清淨故八解
脫清淨何以故若一切智智清淨若一切三
摩地門清淨若八解脫清淨無二無二分無
別無斷故
善現一切智智清淨故預流果清淨預流果
清淨故八解脫清淨何以故若一切智智清淨
若預流果清淨若八解脫清淨無二無二
分無別無斷故一切智智清淨故一來不還
阿羅漢果清淨一來不還阿羅漢果清淨故
八解脫清淨何以故若一切智智清淨若一來

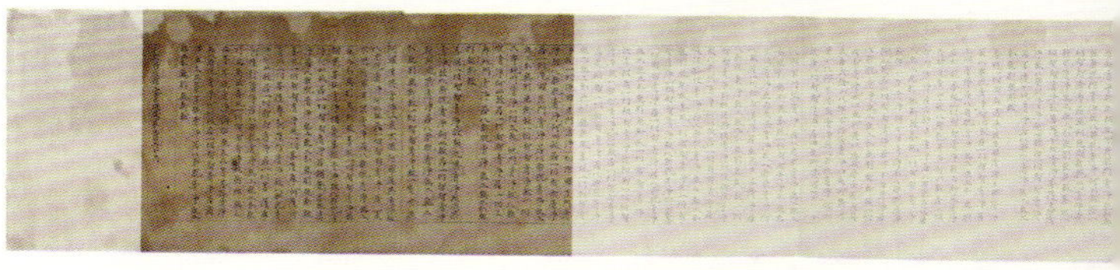

獨覺菩提清淨獨覺菩提清淨故八解脫清
淨何以故若一切智智清淨若獨覺菩提清
淨若八解脫清淨無二無二分無別無斷故
善現一切智智清淨故一切菩薩摩訶薩行
清淨一切菩薩摩訶薩行清淨故八解脫清
淨何以故若一切智智清淨若一切菩薩摩
訶薩行清淨若八解脫清淨無二無二分無
別無斷故善現一切智智清淨故諸佛無上
正等菩提清淨諸佛無上正等菩提清淨
故八解脫清淨何以故若一切智智清淨若諸
佛無上正等菩提清淨若八解脫清淨無二
無二分無別無斷故

大般若波羅蜜多經卷第二百六十六

BD00708　大般若波羅蜜多經卷二六六

大般若波羅蜜多經卷第二百六十六

BD00708　大般若波羅蜜多經卷二六六　（10–10）

BD00709

大乘入楞伽經卷二

（唐）實叉難陀 譯

620.8cm × 26.5cm

於諦若相待不成待於有故言兔角无不應
分別不正因故有无論者執有執无二俱不
成大慧復有外道見色形狀虛空分齊而生
執着言色異虛空起於分別大慧虛空是色
隨入色種大慧色是虛空能待所待建立性
故色空分齊應如是知大慧大種生時自相
各別不住虛空中非彼无虛空大慧兔角亦
尒觀待牛角言彼角无大慧分析牛角乃至
微塵又析彼塵其相不現彼何所待而言无
耶若待餘物彼亦如是大慧汝應遠離兔角
牛角虛空及色所有分別汝及諸菩薩摩訶
薩應常觀察自心所見分別之相於一切國
[illegible]

心所見无有　唯依心故起　身資所住影　衆生藏識現
心意及與識　自性五種法　二无我清淨　諸導師演說
長短共觀待　展轉互相生　因有故成无　因无故成有
微塵分析事　不起色分別　唯心所安立　惡見者不信
非外道行處　聲聞亦復然　救世之所說　自證之境界
尒時大慧菩薩摩訶薩爲淨自心現流故而請
佛言世尊云何淨諸衆生自心現流爲漸次
淨爲頓淨耶佛言大慧漸淨非頓如菴羅果
漸熟非頓諸佛如來淨諸衆生自心現流亦
復如是漸淨非頓如陶師造器漸成非頓諸
佛如來淨諸衆生自心現流亦復如是漸而
非頓譬如大地生諸草木漸生非頓諸佛如
來淨諸衆生自心現流亦復如是漸而非頓

BD00709　大乘入楞伽經卷二

非頓譬如大地生諸草木漸生非頓諸佛如
來淨諸衆生自心現流亦復如是漸而非頓
大慧譬如人學音樂書畫種種伎術漸成非
頓諸佛如來淨諸衆生自心現流亦復如是
漸而非頓譬如明鏡頓現衆像而无分別諸
佛如來淨諸衆生自心現流亦復如是頓現
一切无相境界而无分別如日月輪一時遍
照一切色像諸佛如來淨諸衆生自心過習
亦復如是頓爲示現不可思議諸佛如來智
慧境界譬如藏識頓現於身及資生國土一
切境界報佛亦尒於色究竟天頓能成熟一
切衆生令脩諸行譬如法佛頓現報佛及以
化佛光明照曜自證聖境亦復如是頓現法

自心現習氣因相妄計性所執因相更相繫
屬種種幻事皆无自性而諸衆生種種執著
取以為實悉不可得復次大慧妄計自性執
著緣起自性起大慧譬如幻師以幻術力依
草木瓦石幻作衆生若干色像令其見者種
種分別皆无真實大慧此亦如是由取著境
界習氣力故於緣起性中有妄計性種種相
現是名妄計性生大慧是名法性所流佛說
法之相大慧法性佛者建立自證智所行離
心自性相大慧應化佛說施戒忍進靜慮智
慧蘊界處法及諸解脫諸識行相建立差別
越外道見超无色行復次大慧法性佛非所
攀緣一切所緣一切所作根量等相悉皆遠

趣外道見趣无色行復次大慧法性佛非所
攀緣一切所緣一切所作根量等相悉皆遠
離非凡夫二乘及諸外道執著我相所取境
界是故大慧於自證聖智勝境界相當勤脩
學於自心所現分別見相當速捨離
復次大慧聲聞乘有二種差別相所謂自證
聖智殊勝相分別執著自性相云何自證聖
智殊勝相謂明見苦空无常无我諸諦境界
離欲寂滅故於蘊界處若自若共外不壞相
如實了知故心住一境住一境已獲禪解脫
三昧道果而得出離住自證聖智境界樂未
離習氣及不思議變易死是名聲聞乘自證
聖智境界相菩薩摩訶薩雖亦得此聖智境

中不應脩學大慧云何分別執著自性相所
謂知堅濕煖動青黄赤白如是等法非作者
生然依教理見自共相分別執著是名聲聞
乘分別執著相菩薩摩訶薩於此法中應知
應捨離人无我見入法无我相漸住諸地
尒時大慧菩薩摩訶薩白佛言世尊如来所
說常不思議自證聖智第一義境將无同諸
外道所說常不思議作者耶佛言大慧非諸
外道作者得常不思議所以者何諸外道常
不思議因自相不成既因自相不成以何顯
示常不思議大慧外道所說常不思議若因
自相成彼則有常但以作者爲因相故常不
思議不成大慧我第一義常不思議第一義

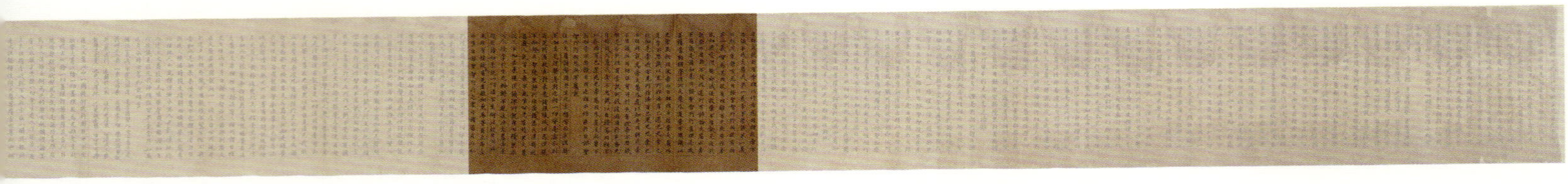

自相成彼則有常但以作者爲因相故常不
思議不成大慧我第一義常不思議第一義
因相成遠離有无自證聖智所行相故有相
第一義智爲其因故有因離有无故非作者
故如虛空涅槃寂滅法故常不思議是故我
說常不思議不同外道所有諍論大慧此常
不思議是諸如來自證聖智所行真理是故
菩薩當勤脩學復次大慧外道常不思議以
无常異相因故常非自相因力故常大慧外
道常不思議以見所作法有已還无无常已
比知是常我亦見所作法有已還无无常已
不因此說爲常大慧外道以如是因相成常
不思議此因相非有同於兔角故常不思議

以外法有已還无无常為因外道及此曾不
能知常不思議自因之相而恒在於自證聖
智所行相外此不應說
復次大慧諸聲聞畏生死妄想苦而求涅槃
不知生死涅槃差別之相一切皆是妄分別
有无所有故妄計未來諸根境滅以為涅槃
不知證自智境界轉所依藏識為大涅槃彼
愚癡人說有三乘不說唯心无有境界大慧
彼人不知去來現在諸佛所說自心境界取
心外境常於生死輪轉不絕復次大慧去來
現在諸如來說一切法不生何以故自心所
見非有性故離有无生故如兔馬等角凡愚妄
取唯自證聖智所行之處非諸愚夫二分

見非有性故有无生故如兔馬等角凡愚妄
取唯自證聖智所行之處非諸愚夫二分
別境大慧身及資生器世間等一切皆是藏
識影像所取能取二種相現彼諸愚夫墮生
住滅二見中故於中妄起有无分別大慧汝
於此義當勤脩學
復次大慧有五種種性何等爲五謂聲聞乘
種性緣覺乘種性如來乘種性不定種性无
種性大慧云何知是聲聞乘種性謂若聞說
於蘊界處自相共相若知若證舉身毛竪心
樂修習於緣起相不樂觀察應知此是聲聞
乘種性彼於自乘見所證已於五六地斷煩
惱結不斷煩惱習住不思議死正師子吼言

生求證涅槃言能覺知我人衆生養者取者
此是涅槃復有説言見一切法因作者有此
是涅槃大慧彼无解脱以未能見法无我故
此是聲聞乘及外道種性於未出中生出離
想應勤修習捨此惡見大慧云何知是緣覺
乘種性謂若聞説緣覺乘法舉身毛竪悲泣
流淚離憒閙緣无所染著有時聞説現種種
身或聚或散神通變化其心信受无所違逆
當知此是緣覺乘種性應為其説緣覺乘法
大慧如來乘種性所證法有三種所謂自性
无自性法内身自證聖智法外諸佛刹廣大
法大慧若有聞説此一一法及自心所現身
財建立阿賴耶識不思議境不驚不怖不畏

BD00709　大乘入楞伽經卷二

法大慧若有聞說此一一法乃自心所現身
則建立阿賴耶識不思議境不驚不怖不畏
當知此是如來乘性大慧不定種性者謂聞
說彼三種法時隨生信解而順脩學大慧為
初治地人而說種性欲令其入无影像地作
此建立大慧彼住三昧樂聲聞若能證知自
所依識見法无我淨煩惱習畢竟當得如來
之身尒時世尊即說頌言
預流一來果　不還阿羅漢　是等諸聖人　其心悉迷惑
我所立三乘　一乘及非乘　為愚夫少智　樂寂諸聖說
第一義法門　遠離於二取　住於无境界　何建立三乘
諸禪及无量　无色三摩地　乃至滅受想　唯心不可得
復次大慧此中一闡提何故於解脫中不生

隨順契經調伏解脫之說作是語時善根悉
斷不入涅槃云何為无始衆生起願謂諸菩
薩以本願方便願一切衆生悉入涅槃若一衆
生未涅槃者我終不入此亦住一闡提趣此
是无涅槃種性相大慧菩薩言世尊此中何
者畢竟不入涅槃佛言大慧彼菩薩一闡提
知一切法本来涅槃畢竟不入非捨善根何
以故捨善根一闡提以佛威力故或時善根
生所以者何佛於一切衆生无捨時故是故
菩薩一闡提不入涅槃
復次大慧菩薩摩訶薩當善知三自性相何
者為三所謂妄計自性緣起自性圓成自性
大慧妄計自性從相生云何從相生謂彼依

者為三所謂妄計自性緣起自性圓成自性
大慧妄計自性從相生云何從相生謂彼依
緣起事相種類顯現生計著故大慧彼計著
事相有二種妄計性生是諸如來之所演說
謂名相計著相事相計著相大慧名計著相
者謂計著內外法相事計著相者謂即彼內
外法中計著自共相是名二種妄計自性相
大慧從所依所緣起是緣起性何者圓成自
性謂離名相事相一切分別自證聖智所行
真如大慧此是圓成自性如來藏心尒時世
尊即說頌言
名相分別　二自性相　正智真如　是圓成性
大慧是名觀察五法自性相法門自證聖智

者為二所謂人无我相法无我相大慧何者
是人无我相謂蘊界處離我我所无明愛業
之所生起眼等識生取於色等而生計著又
自心所見身器世間皆是藏心之所顯現剎
那相續變壞不停如河流如種子如燈焰如
迅風如浮雲躁動不安如猨猴樂不淨處如
飛蠅不知猒足如猛火无始虛偽習氣為
因諸有趣中流轉不息如汲水輪種種色身
威儀進止譬如死屍呪力故行亦如木人因
機運動若能於此善知其相是名人无我智
大慧云何為法无我智謂知蘊界處是妄
計性如蘊界處離我我所唯共積聚愛業繩
縛互為緣起无能作者蘊等亦尔離自共相

計性如蘊界處離我我所唯共積聚愛業繩
縛手為緣起无能作者蘊等亦介離自共相
虛妄分別種種相現愚夫分別非諸聖者
如是觀察一切諸法離心意意識五法自性
是名菩薩摩訶薩法无我智得此智已知无
境界了諸地相即入初地心生歡喜次第漸
進乃至善慧及以法雲諸有所作皆悉已辦
住是地已有大寶蓮華王衆寶莊嚴於其花
上有寶宮殿狀如蓮花菩薩往脩幻性法門
之所成就而坐其上同行佛子前後圍繞一
切佛剎所有如來皆舒其手如轉輪王子灌
頂之法而灌其頂起佛子地獲自證法成就
如來自在法身大慧是名見法无我相汝及

尒時大慧菩薩摩訶薩復白佛言世尊願
說建立誹謗相令我及諸菩薩摩訶薩離此
惡見疾得阿耨多羅三藐三菩提得菩提已
破建立常毀諸斷見令於正法不生誹謗佛
受其請即說頌言
身資財所住　皆唯心影像　凡愚不能了　起建立誹謗
所起但是心　離心不可得
尒時世尊欲重明此義告大慧言有四種无
有建立何者為四所謂无有相建立无有
見建立見无有因建立因无有性建立性是
為四大慧誹謗者謂於諸惡見所建立法求
不可得不善觀察遂生誹謗此是建立誹謗
相大慧云何无有相建立相謂於蘊界處自
相共相本无所有而生計著此如是此不異

相大慧云何无有相建立相謂於蘊界處自
相共相本无所有而生計著此如是此不異
而此分別從无始種種惡見習氣所生是名无
有相建立相云何无有見建立見謂於蘊界處
建立我人衆生等見是名无有見建立見云
何无有因建立因謂初識前无因不生其初
識本无後眼色明念等爲因如幻生生已有
有還滅是名无有因建立因云何无有性建
立性謂於虛空涅槃非數滅无作性執著建
立大慧此離性非性一切諸法離於有无猶
如毛輪兔馬等角是名无有性建立性大慧
建立誹謗皆是凡愚不了唯心而生分別非
諸聖者是故汝等當勤觀察遠離此見大慧

計性亦如摩尼隨心現色普入佛會聽聞佛
說諸法如幻如夢如影如鏡中像如水中月
遠離生滅及以斷常不住聲聞辟支佛道聞
已成就无量百千俱胝踰膳三摩地得此三
摩地已遍遊一切諸佛國土供養諸佛生諸
天上顯揚三寶示現佛身為諸聲聞菩薩大
衆說外境界皆唯是心悉令遠離有无等執
尒時世尊即說頌言
佛子能觀見　世間唯是心　示現種種身　所作无鄣礙
神通力自在　一切皆成就
尒時大慧菩薩摩訶薩復請佛言願為我說
一切法空无生无二无自性相我及諸菩薩
悟此相故離有无分別疾得阿耨多羅三藐

BD00709　大乘入楞伽經卷二

一切法空无生无二无自性相我及諸菩薩
悟此相故離有无分別疾得阿耨多羅三藐
三菩提佛言諦聽當為汝說大慧空者即是
妄計性句義大慧為執著妄計自性故說空
无生无二无自性大慧略說空性有七種謂
相空自性空无行空行空一切法不可說空
第一義聖智大空彼彼空云何相空謂一切
法自相共相空展轉積聚互相待故分析推
求无所有故自他及共皆不生故自共相无
生亦无住是故名一切法自相空云何自性
空謂一切法自性不生是名自性空云何无
行空所謂諸蘊本來涅槃无有諸行是名无
行空云何行空所謂諸蘊由業及因和合而
起離我我所是名行空云何一切法不可說

說空云何第一義聖智大空謂得自證聖智
時一切諸見習氣悉離是名第一義聖智大
空云何彼彼空謂於此无彼是名彼彼空大
慧我曾爲鹿子母說堂无象馬牛羊等我說彼
堂空非无比丘衆大慧非謂堂无堂自性非謂
比丘无比丘自性非謂餘處无象馬牛羊大慧
一切諸法自相共相彼彼求不可得是故說名
彼彼空是名七種空大慧此彼彼空空中最麁
汝應遠離復次大慧无生者自體不生生言
不生除住三昧是名无生大慧无自性者以
无生故密意而說大慧一切法无自性以剎
那不住故見後變異故是名无自性云何无
二相大慧如日光影如長短如黑白皆相待立

无生故密意而說大慧一切法无自性以剎
那不住故見後變異故是名无自性云何无
二相大慧如日光影如長短如黑白皆相待立
獨則不成大慧非於生死外有涅槃非於涅槃
外有生死生死涅槃无相違相如生死涅槃
一切法亦如是是名无二相大慧空无生无
二无自性相汝當勤學尒時世尊重說頌言
我常說空法　遠離於斷常　生死如幻夢　而業亦不壞
虛空及涅槃　滅二亦如是　愚夫妄分別　諸聖離有无
尒時世尊復告大慧菩薩摩訶薩言大慧此
空无生无自性无二相悉入一切諸佛所說脩
多羅中佛所說經皆有是義大慧諸脩多羅
隨順一切衆生心說而非真實在於言中

歡喜非皆顯示聖智證處真實之法大慧應
隨順義莫著言說
尒時大慧菩薩摩訶薩白佛言世尊脩多羅
中說如來藏本性清淨常恒不斷无有變易
具三十二相在於一切衆生身中為蘊界處
垢衣所纏貪恚癡等妄分別垢之所汙染如
无價寶在垢衣中外道說我是常作者離於
求那自在无滅世尊所說如來藏義豈不同
於外道我耶佛言大慧我說如來藏不同外
道所說之我大慧如來應正等覺以性空實
際涅槃不生无相无願等諸句義說如來藏
為令愚夫離无我怖說无分別无影像處如
來藏門未來現在諸菩薩摩訶薩不應於此

為令愚夫離无我怖說无分別无影像處如
來藏門未來現在諸菩薩摩訶薩不應於此
執著於我大慧譬如陶師於泥聚中以人功
水杖輪繩方便作種種器如來亦尒於遠離
一切分別相无我法中以種種智慧方便善
巧或說如來藏或說為无我種種名字各各
差別大慧我說如來藏為攝著我諸外道衆
令離妄見入三解脫速得證於阿耨多羅三藐
三菩提是故諸佛說如來藏不同外道所說
之我若欲離於外道見者應知无我如來藏
義尒時世尊即說頌言
士夫相續蘊　衆緣及微塵　勝自在作者　此但心分別
尒時大慧菩薩摩訶薩普觀未來一切衆生

種法成大脩行何者為四謂觀察自心所現
故遠離生住滅見故善知外法无性故專求
自證聖智故若諸菩薩成此四法則得名為
大脩行者大慧云何觀察自心所現謂觀三
界唯是自心離我我所无動作无來去无始
執着過習所熏三界種種色行名言繫縛身
資所住分別隨入之所顯現菩薩摩訶薩如
是觀察自心所現大慧云何得離生住滅見
所謂觀一切法如幻夢生自他及俱皆不生
故隨自心量之所現故見外物无有故見諸
識不起故及衆緣无積聚故分別因緣起三
界故如是觀時若內若外一切諸法皆不可
得知无體實遠離生見證如幻性即時逮得

BD00709　大乘入楞伽經卷二

界故如是觀時若內若外一切諸法皆不可
得知无體實遠離生見證如幻性即時逮得
无生法忍住苐八地了心意意識五法自性
二无我境轉所依止獲意生身大慧言世尊
以何因緣名意生身佛言大慧意生身者辟
如意去速疾无礙名意生身大慧辟如心意
於无量百千踰膳那之外憶先所見種種諸
物念念相續疾詣於彼非是其身及山河石
壁所能爲礙意生身者亦復如是如幻三昧
力通自在諸相莊嚴憶本成就衆生願故猶
如意去生於一切諸聖衆中是名菩薩摩訶
薩得遠離於生住滅見大慧云何觀察外法
无性謂觀察一切法如陽焰如夢境如毛輪
无始戲論種種執著虛妄習氣爲其因故如

是名菩薩具四種法成大脩行汝應如是勤
加脩學
尒時大慧菩薩摩訶薩復請佛言願說一切
法因緣相令我及諸菩薩摩訶薩了達其義
離有无見不妄執諸法漸生頓生佛言大慧
一切法因緣生有二種謂外及內外者謂以
泥團水杖輪繩人功等緣和合成瓶如泥瓶
縷疊草席種牙酪蘇悉亦如是是名外緣前
後轉生內者謂无明愛業等生蘊界處法是
爲內緣起此但愚夫之所分別大慧因有六
種謂當有因相屬因相因能作因顯了因觀
待因大慧當有因者謂內外法作因生果相
屬因者謂內外法作所緣生果蘊種子等相

屬因者謂内外法作所緣生果蘊種子等相
因者作无間相生相續果能作因者謂作境
上而生於果如轉輪王顯了因者謂分別生
能現境相如燈照物觀待因者謂滅時相續
斷无妄想生大慧此是愚夫自所分別非漸
次生亦非頓生何以故大慧若頓生者則作
與所作无有差別求其因相不可得故若漸
生者求其體相亦不可得如未生子云何名
父諸計度人言以因緣所緣緣等无間緣增
上緣等所生能生互相繫屬次第生者理不
得成皆是妄情執著相故大慧漸次與頓皆
悉不生但有心現身資等故外自共相皆无
性故唯除識起自分別見大慧是故應離因

一切法无生　亦復无有滅　於彼諸緣中　分別生滅相
非遮諸緣會　如是滅復生　但止於凡愚　妄情之所著
緣中法有无　是悉无有生　習氣迷轉心　從是三有現
本來无有生　亦復无有滅　觀一切有為　譬如虛空花
離能取所取　一切迷惑見　无能生所生　亦復无因緣
但隨世俗故　而説有生滅

大乘入楞伽經卷第二

BD00710

維摩詰所説經卷上

（後秦）鳩摩羅什 譯

178cm × 25.5cm

疾不能救而能救諸疾人可密速去勿使人
人聞當知阿難諸如來身即是法身非思欲
身佛為世尊過於三界佛身無漏諸漏已盡
佛身無為不墮諸數如此之身當有何疾時
我世尊實懷慚愧得無近佛而謬聽耶即
聞空中聲曰阿難如居士言但為佛出五濁惡
世現行斯法度脫衆生行矣阿難取乳勿慚
世尊維摩詰智慧辯才為若此也是故不任
詣彼問疾如是五百大弟子各各向佛說其本
緣稱述維摩詰所言皆曰不任詣彼問疾

菩薩品第四

於是佛告彌勒菩薩汝行詣維摩詰問疾彌
勒白佛言世尊我不堪任詣彼問疾所以者

仁者記一生當得阿耨多羅三藐三菩提為
用何生得受記乎過去耶未來耶現在耶若
過去生過去生已滅若未來生未來生未至若
現在生現在生無住如佛所說比丘汝今即時
亦生亦老亦滅若以無生得受記者無
生即是正位於正位中亦無受記亦無得阿
耨多羅三藐三菩提云何弥勒受一生記乎為
從如生得受記耶為從如滅得受記耶若
以如生得受記者如無有生若以如滅得受記
者如無有滅一切衆生皆如也一切法亦如也
衆賢聖亦如也至於弥勒亦如也若弥勒得
受記者一切衆生亦應受記所以者何夫如
者不二不異若弥勒得阿耨多羅三藐三

受記者一切衆生亦應受記所以者何夫如
者不二不異若弥勒得阿耨多羅三藐三
菩提者一切衆生皆亦應得所以者何一切
衆生即菩提相若弥勒滅度者一切衆生
亦當滅度所以者何諸佛知一切衆生畢竟
寂滅即涅槃相不復更滅是故弥勒無以此
法誘諸天子實無發阿耨多羅三藐三菩提
心者亦無退者弥勒當令此諸天子捨於分
別菩提之見所以者何菩提者不可以身得
不可以心得寂滅是菩提滅諸相故不觀是菩
提離諸緣故不行是菩提無憶念故斷是
菩提捨諸見故離是菩提離諸妄想故鄣是
菩提鄣諸願故不入是菩提無貪著故順是
菩提順於如故住是菩提住法性故至是菩提

菩提了衆生心行故不會是菩提諸入不會
故不合是菩提離煩惱習故無處是菩提無
形色故假名是菩提名字空故如化是菩提
無取捨故無亂是菩提常自靜故善寂是菩
提性清淨故無取是菩提離攀緣故無異是
菩提諸法等故無比是菩提無可喻故微妙
是菩提諸法難知故世尊維摩詰說是法
時二百天子得無生法忍故我不任詣彼問疾
佛告光嚴童子汝行詣維摩詰問疾光嚴
白佛言世尊我不堪任詣彼問疾所以者何
憶念我昔出毗耶離大城時維摩詰方入城
我即為作礼而問言居士從何所來答我言
五從道場來我問道場者何所是答曰直心
是道場無虛假故發行是道場能辦事故深

BD00710 維摩詰所說經卷上

吾從道場來我問道場者何所是答曰直心
是道場無虛假故發行是道場能辯事故深
心是道場增益功德故菩提心是道場無錯
謬故布施是道場不望報故持戒是道場
得願具故忍辱是道場於諸衆生心無㝵故
精進是道場不懈退故禪定是道場心調柔
故智慧是道場現見諸法故慈是道場等衆
生故悲是道場忍疲苦故喜是道場悅樂法
故捨是道場憎愛斷故神通是道場成就六通
故解脫是道場能背捨故方便是道場教化
衆生故四攝法是道場攝衆生故多聞是道
場如聞行故伏心是道場正觀諸法故三十
七品是道場捨有為法故諦是道場不誑世
間故緣起是道場無明乃至老死皆無盡故

不傾動故三界是道場無所趣故師子吼是
道場無所畏故力無畏不共法是道場無諸
過故三明是道場無餘㝵故一念知一切法是
道場成就一切智故如是善男子菩薩若應
諸波羅蜜教化衆生諸有所作舉足下足當
知皆從道場來住於佛法矣說是法時五百
天人皆發阿耨多羅三藐三菩提心故我不
任詣彼問疾
佛告持世菩薩汝行詣維摩詰問疾持世白
佛言世尊我不堪任詣彼問疾所以者何憶
念我昔住於靜室時魔波旬從万二千天女狀
如帝釋鼓樂絃歌來詣我所與其眷屬稽
首我足合掌恭敬於一面立我意謂是帝釋
而語之言善来憍尸迦雖福應有不當自恣

BD00710　維摩詰所說經卷上

而語之言善來憍尸迦雖福應有不當自恣
當觀五欲無常以求善本於身命財而脩堅
法即語我言正士受是万二千天女可備掃灑
我言憍尸迦無以此非法之物要我沙門釋
子此非我宜所言未訖時維摩詰來謂我
言非帝釋也是為魔來嬈固汝耳即語魔言
是諸女等可以與我如我應受魔即驚懼念
維摩詰將無惱我欲隱形去而不能隱盡其
神力亦不得去即聞空中聲曰波旬以女與
之乃可得去魔以畏故俛仰而與尒時維摩
詰語諸女言魔以汝等與我今汝皆當發阿
耨多羅三藐三菩提心即隨所應而為說
法令發道意復言汝等已發道意有法樂
可以自娛不應復樂五欲樂

衆樂離五欲樂觀五陰如怨賊樂觀四大如毒
虵樂觀內入如空聚樂隨護道意樂饒益衆生
樂敬供養師樂廣行布施樂堅持戒樂忍辱
柔和樂懃集善根樂禪定不亂樂離垢明慧
樂廣菩提心樂降伏衆魔樂斷諸煩惱樂
淨佛國土樂成就相好故脩諸功德樂莊嚴道
場樂聞深法不畏樂三脫門不樂非時樂近同
學樂於非同學中心無恚㝵
近善

BD00711 四分比丘尼戒本

（後秦）佛陀耶舍 譯

（唐）懷素 集

BD00711v 四分比丘尼戒本外題

602.5cm × 28cm

（13–1）

[illegible] 今演毗尼法 令正法久住 戒如海无涯
如寶求无猒 欲護聖法財 衆集聽我說 欲除四弃法 及滅僧殘法
障三十捨墮 衆集聽我說 毗婆尸式弃 毗舍俱留孫 拘那含牟尼
迦葉釋迦文 諸世尊大德 為我說是事 我今欲善說 諸賢咸共聽
譬如人毀足 不堪有所涉 毀戒亦如是 不得生天人 欲得生天上
若生人間者 常當護戒足 勿令有毀損 如御入險道 失轄折軸憂
毀戒亦如是 死時懷恐懼 如人自照鏡 好醜生欣戚 說戒亦如是
全毀生憂喜 如兩陣共戰 勇怯有進退 說戒亦如是 淨穢生安畏
世間王為最 衆流海為最 衆星月為最 衆聖佛為最 一切衆律中 戒經為上最
如來立禁戒 半月半月說 和合僧集會 未受大戒者出 有者遣出遣已答言已出无者答无
不來諸比丘說欲及清淨 有依法說无者言无 僧今何所作為 答云說戒羯磨
大姊僧聽 今月五十日衆僧說戒 若僧時到僧忍聽 和合說戒白如是
諸大姊 我今欲說波羅提木叉戒 汝等諦聽 善思念之 若自知有犯
者即應自懺悔 不犯者默然 默然者 知諸大姊清淨 若有他問者亦
如是荅 如是比丘尼在於衆中及至三問 憶念有罪不懺悔者得故妄語

者即應自懺悔不犯者默然默然者知諸大姉清淨若有他問者亦
如是答如是比丘尼在於衆中乃至三問憶念有罪不懺悔者得故妄語
罪故妄語者佛說障道法彼比丘尼自憶知罪欲求清淨者應懺悔得
安樂不發露罪益深諸大德姉我已說戒經序今問諸大姉是中清淨
不如是至三諸大姉是中清淨默然故是事如是持
諸大姉是八波羅夷法半月半月說戒經中來
若比丘尼作婬欲犯不淨行乃至共畜生是比丘尼波羅夷不共住
若比丘尼在聚落若空處不與懷盜心取隨所盜物若為王若王大臣所捉
若縛若殺若驅出國汝是賊汝癡汝無所知若比丘尼作如是不與取
是比丘尼波羅夷不共住若比丘尼故自手斷人命若持刀授與人若歎
死譽死勸死咄人用此惡活為寧死不生作如心念無數方便歎死譽
死勸死是比丘尼波羅夷不共住
若比丘尼實無所知自歎譽言我得過人聖智勝法我知是我見是
彼於異時若問若不問欲求清淨故作如是言諸大姉我實不知不見而言

上摩若下摩若舉若下若捉持是比丘尼波羅夷不共住是身相觸也
若比丘尼染汙心知男子染汙心受手捉衣入屏處共立共語共行
身相倚或共期是比丘尼波羅夷不共住犯此八事故
若比丘尼知比丘尼犯波羅夷不自舉語衆人不白大衆若於異時
彼比丘尼或終衆中舉或休道或入外道衆後作是言我先知有如
如是如是罪是
若比丘尼波羅夷不共住覆藏重罪故
若比丘尼知比丘僧為作舉如法如律如佛所教不順從不懺悔
僧未與作共住而順從諸比丘尼語言大姊此比丘為僧所舉
法如律如佛所教不順從不懺悔僧未與作共住汝莫順從如是
比丘尼諫彼比丘尼時是事堅持不捨彼比丘尼應乃至第二第三諫
令捨此事故若乃至三諫捨者善若不捨者是比丘尼波羅夷不共
住犯隨舉諸大姊我已說八波羅夷法若比丘尼犯波羅夷法不
得與諸比丘尼共住如前後亦如是是比丘尼得波羅夷罪不應共

得與諸比丘尼共住如前後亦如是是比丘尼得波羅夷罪不應共
住住令問諸大姊是中清淨 如是 至三 諸大姊是中清淨默然故是事
如是持 諸大姊是七十僧伽婆尸沙半月半月戒經中來說
若比丘尼媒嫁持男意語女持女意語男若謂成婦事若為私通乃
至須臾須是比丘尼犯初法應捨僧伽婆尸沙
若比丘尼瞋恚不喜以无根波羅夷法謗欲破彼清淨行後於
異時若問若不問知是事无根說我瞋恚故作如是說是
初法應捨僧伽婆尸沙
若比丘尼瞋恚不喜於異分事中取片於波羅夷比丘尼以无根波羅夷
法謗欲破彼人梵行後於異時若問知是異分事中取片比丘尼住瞋恚法故
作如是說是比丘尼梵[犯]初法應捨僧伽婆尸沙
若比丘尼詣官言人所舉若居士居士兒若奴若客作人若晝若夜若一念須
若彈指頃若須臾是比丘尼犯初法應捨僧伽婆尸沙
若比丘尼知比丘為僧所舉如法如律如佛所教不順從未懺悔僧未與作共住羯磨
為愛故不問僧僧不約[勑]出界外住羯磨與解罪是比丘尼犯初法應捨僧伽婆尸沙

若比丘染污心知染污心男子從受可食[illegible]

若比丘尼欲壞和合僧方便受破僧法堅持不捨是比丘尼應諫彼比丘尼言大姊汝
莫壞和合僧莫方便壞和合僧莫受破僧法堅持不捨　大姊應與僧和合與
僧和合歡喜不諍同一師學如水乳和合於佛法有增益安樂住是比丘尼諫彼比丘
尼時堅持不捨是比丘尼應三諫捨此事故乃至三諫捨者善不捨者是比丘尼犯三法應
捨僧伽婆尸沙　　若比丘尼有餘比丘尼群黨若一若二若三乃至无數彼
比丘尼語是比丘尼言大姊汝莫諫此比丘尼此比丘尼法語比丘尼律語比丘尼
所說我等心喜樂此比丘尼所說我等忍可是比丘尼語彼比丘尼言大姊莫作是說
此言比丘尼是法語比丘尼此比丘尼所說我等心喜樂此比丘尼所說我等忍可何
以故此比丘尼所說非法語非律語大姊莫欲壞和合僧歡喜不諍同一師如水乳
合於佛法中有增益安樂住是比丘尼諫彼比丘尼時堅持不捨是比丘尼三諫
捨此事故乃至三諫捨者是比丘尼犯三法應捨僧伽婆尸沙
若比丘尼依城邑若村落汙他家行惡行行惡行亦見亦聞汙他家亦見亦聞是
比丘尼諫彼比丘尼言大姊汝汙他家行惡行行惡行亦見亦聞汙他家亦見
亦聞大姊汝汙他家行惡行今可離此村落去不須住此彼比丘尼語此比丘尼

比丘尼諫彼比丘尼言大姊汝汙他家行惡行行惡行亦見亦聞汙他家亦見
亦聞大姊汝汙他家行惡行今可離此村落去不須住此彼比丘尼語此比丘尼
作是言大姊諸比丘尼有愛有恚有怖有癡如是同罪比丘尼有駈者有不
駈者是比丘尼語彼比丘尼言大姊莫作是語有愛有恚有怖有癡亦
莫言有如是同罪比丘尼有駈者何以故而諸比丘尼不愛不恚不怖不癡有
如是同罪比丘尼有駈者有不駈者大姊汙他家行惡行亦見亦聞汙他
家亦見亦聞是比丘尼諫彼比丘尼時堅持不捨是比丘尼應三諫捨此事
故乃至三諫捨者善不捨者是比丘尼犯三法應捨僧伽婆尸沙
若比丘尼惡性不受人諫語於戒法中諸比丘尼如法諫已自身不受諫語
言語大姊汝莫向我說若好若惡我亦不向汝說若好若惡諸大姊止莫
諫我是比丘尼當諫彼比丘尼言大姊汝莫自身不受諫語大姊自身當
受諫語大姊如法諫諸比丘尼諸比丘尼亦當如法諫大姊如是佛弟
子衆得增益展轉相諫展轉相教展轉懺悔是比丘尼如是諫時堅持
不捨是比丘尼應三諫捨此事故乃至三諫捨者善不捨者是比丘尼三法應

相覆罪汝等若相親近於佛法中得增上安樂住是比丘尼諫彼比丘尼
時持不捨是比丘尼應三諫捨此事故乃至三諫捨者善若比丘尼僧犯三
法應捨僧伽婆尸沙　若比丘尼僧為作呵諫時餘比丘尼教作
如是言汝等莫別住當共住我亦見餘比丘尼應諫彼比丘尼言大姊汝
流布共相覆罪僧以恚故教汝別住是比丘尼應諫彼比丘尼言大姊汝
莫教餘比丘尼言大姊汝等汝等莫別住我亦見餘比丘尼共住作惡行惡聲
流布共相覆罪更無有餘若此比丘尼時別住佛法中有增益安樂住
是比丘尼諫彼比丘尼時堅持不捨是比丘尼應三諫令捨此事故乃至
三諫捨者善不捨者是比丘尼犯三法應捨僧伽婆尸沙
若比丘尼趣以一小事瞋恚不喜便作是語我捨佛捨法捨僧不獨有此沙
門釋子亦更有餘沙門婆羅門脩梵行者我等亦可於彼脩梵行是
比丘尼諫彼比丘尼時堅持不捨彼比丘尼應三諫令捨此事故乃至三諫
捨者善不捨者是比丘尼犯三應捨僧伽婆尸沙
若比丘尼喜鬪諍不善憶持諍事後瞋恚作是語僧有愛有恚有怖

捨者善不捨者是比丘尼犯三應捨僧伽婆尸沙
若比丘尼恚鬪諍不善憶持諍事後瞋恚作是語僧有愛有恚有怖
有癡是比丘尼應語彼比丘尼言妹汝莫憙鬪諍不善
憶持諍事後瞋恚作是語僧有愛有恚有怖有癡而僧不愛不恚
不怖不癡汝自有愛有恚有怖有癡是比丘尼諫彼比丘尼時堅持不
捨彼比丘尼應三諫捨此事故乃至三諫捨者善不捨者是比丘尼犯三法應
捨僧伽婆尸沙　諸大姊已說十七僧伽婆尸沙法九初犯罪八
乃至三諫若比丘尼犯一一法應半月二部僧中行摩那埵行摩那埵
已餘有罪應廿僧中出是比丘尼罪若少一人不滿廿眾出是比丘尼罪是
比丘尼罪不得除諸大姊亦可呵此是時今問諸大姊是中清淨不第二第三亦如是
諸大姊是中清淨嘿然故是事如是持　諸大姊是卅尼薩耆波逸提
法半月半月戒經中說　若比丘尼衣已竟迦絺那衣已捨畜長衣
經十日不淨施得畜若過者尼薩耆波逸提
若比丘尼衣已竟迦絺那衣已捨五衣中若離一一衣異處宿經一夜
若比丘尼衣已竟迦絺那

得畜齊一月為滿足故若過畜者薩耆波逸提
若比丘尼從非親里居士婦乞衣除時尼薩耆波逸提餘時者
若奪衣失衣燒衣漂衣是名時
若比丘尼奪衣失衣燒衣漂衣是非親里居士居士婦自恣請
多與衣是比丘尼當知足受衣若過受尼薩耆波逸提
若比丘尼居士居士婦為比丘尼辦衣價具如是衣價與某甲比
丘尼是比丘尼先不受自恣請到居士家作如是說善哉居士為
我辦如是如是衣價與我為好故若得衣者尼薩耆波逸提
若比丘尼二居士居士婦與比丘尼辦衣價我曾辦如是衣價與
某甲比丘尼是比丘尼先不受自恣請到二居士家作如是言善
哉居士辦如是如是衣價與我共作一衣為好若得衣者尼薩耆波逸提
若比丘尼若王若大臣若婆羅門若居士居士婦遣使為比丘尼
送衣價持如是衣價與某甲比丘尼彼比丘尼比丘尼所請言而

送衣價持如是衣價與某甲比丘尼彼比丘尼比丘尼所請言阿
姨為汝送衣價受取是比丘尼語彼使如是言我不應受此衣價我
若須衣合時清淨當受彼使語比丘尼言阿姨有執事人不須衣
比丘尼應言有僧伽藍民若優婆塞此是比丘尼執事人常為比
丘尼執事彼使至執事人所與衣價已還到比丘尼所如是言所姨
示某甲執事人我已與衣價大姊知時往彼當得衣比丘尼若須
衣者當往彼執事人所二反語言我須衣若二反三反為作憶
念得衣者善若不得衣四反五反六反在前嘿然住令彼彼憶念
若四若五反六反在前嘿然住得衣者善若不得衣過是求
得衣者尼薩耆波逸提若不得衣隨彼使所來處若自往若
遣使往語言汝先遣使持衣價與某甲比丘尼是比丘尼竟不
得衣汝還取莫使失此是時
若比丘尼自取金銀若錢若教人取若口可受者尼薩耆波

若比丘尼鉢減五綴不漏更求新鉢為好故尼薩耆波
逸提是比丘尼當持此鉢於尼衆中捨從次第貿至下
坐以下坐鉢與此比丘尼言妹持此鉢乃至破此時
若比丘尼自求縷使非親里織作衣者尼薩耆
自恣請使往彼所語織師言此衣為我織極好織令廣長
堅緻齊整好我當少多與比丘 若比丘尼與價乃至一食直得
衣者尼薩耆波逸提
若比丘尼與比丘尼衣已後瞋恚若自奪若教人奪取還我衣來
不與汝是比丘尼應還衣彼取衣者尼薩耆波逸提 若比丘尼請
病畜藥蘇油生蘇蜜得食殘宿乃至七日得服若過七日服
者尼薩耆波逸提
若比丘尼十日未滿夏三月若有急施衣比丘尼知是急施衣應
受受已乃至衣時應畜若過畜者尼薩耆波逸提 若比丘尼
知物向僧自求入己者尼薩耆波逸提

受受已乃至衣時應畜若過畜者尼薩耆波逸提 若比丘尼
知物向僧自求入已者尼薩耆波逸提
若比丘尼欲索是更索彼者尼薩耆波逸提 若比丘尼知檀越所請
僧施異迴作餘用者尼薩耆波逸提
若比丘尼所謂施物異自求為僧迴作餘用者尼薩耆波逸提
若比丘尼檀越所為施物異自求為僧迴作餘用者尼薩耆波逸提
若比丘尼畜長鉢者尼薩耆波逸提
若比丘尼多畜好色器者尼薩耆波逸提
若比丘尼許他比丘尼病衣後不與者尼薩耆波逸提 若比丘尼以非時衣
受作時衣者尼薩耆波逸提
若比丘尼與比丘尼貿易衣後瞋恚還自奪取若使人奪取 姊還
我衣來我不與汝汝衣屬汝我衣還我者尼薩耆波逸提
若比丘尼乞重衣齊價直四張氎過者尼薩耆波逸提
若比丘尼乞輕衣極至價直兩張半氎過者尼薩耆波逸提 卅
…耆波逸提法今問諸大姊是中清淨不 三說

諸大姊是一百七十八波逸提法半月半月說戒經中來 若比丘尼故
妄語者波逸提 若比丘尼毀呰語者波逸提
若比丘尼兩舌諸者波逸提 若比丘尼與男子同室宿者波逸提
若比丘尼共未受大戒女人同一室宿若過三宿者波逸提 若比丘尼
與未受大戒人共誦法者波逸提
若比丘尼知他有麁惡罪向未受大戒人說除僧羯磨者波逸提
若比丘尼向未受大戒人說過人法言我知我見實者波逸提
若比丘尼與男子說法過五六語除有知女人波逸提
若比丘尼自掘地若教人掘者波逸提十 若比丘尼壞鬼神村者波逸提
若比丘尼妄作異語惱他人者波逸提 若比丘尼嫌罵者波逸提
若比丘尼取僧繩床若木床若臥具坐蓐露地自敷若教敷捨去不自舉不教人
舉波逸提 若比丘尼於僧房中取僧臥具自敷教人敷在中若
坐若臥從彼處捨去不自舉不教人舉者波逸提
若比丘尼知比丘尼先住處後來於中間敷坐臥具止宿念言彼若嫌迮者自
當避我去作如是因緣非餘非威儀者波逸提

若比丘尼知比丘尼先住處後來於中間敷坐卧具止宿念言彼若嫌迮者自
當避我去作如是因緣非餘非威儀者波逸提
若比丘尼瞋他比丘尼不喜衆僧房中自牽出若教人牽出者波逸提
若比丘尼在重閣上脫脚繩床若木床若坐若卧波逸提
若比丘尼知水有虫自用澆泥澆草若教人澆者波逸提
若比丘尼作大房戶排牖及餘莊飾具指授覆苫齊二三節若過者波逸提
若比丘尼施一食處无病比丘尼應一食若過受者波逸提
若比丘尼別衆食除餘時波逸提餘時者病時作依時施衣時道行時船
上時大會時沙門施食時此是時　若比丘尼至檀越家殷勤請與
餅麨飯比丘尼欲須者二三鉢應受持至寺內應分與餘比丘尼食若比丘尼
无病過二鉢受持至寺中不分與餘比丘尼食者波逸提
若比丘尼非時噉食者波逸提　若比丘尼殘宿食噉者波逸提
若比丘尼不受食及藥著口中除水中及楊技波逸提
若比丘尼先受請已前食後食行詣餘家不囑餘比丘尼除餘時波
逸提與時者病時作依時施時衣此是時
若比丘尼食家中有寶强安坐者波逸提
若比丘尼獨與男子露地一處共坐者波逸提　卅

獨坐獨語以是因緣非餘方便遣他去者波逸提
若比丘尼請比丘尼四月與藥无病比丘尼應受若過受除常請更
請分請盡形請者波逸提　若比丘尼往觀軍陣除時因緣波逸提
若比丘尼有軍中住若二宿三宿或時觀軍中陣鬪戰若觀遊軍為
馬勢力者波逸提　若比丘尼飲酒者波逸提
若比丘尼水中戲者波逸提　若比丘尼以指相擊攊者波逸提
若比丘尼不受諫者波逸提　若比丘尼恐怖他比丘尼者波逸提卌
若比丘尼半月洗浴无病比丘尼應受若過受除餘時波逸提餘時
熱時病時作時大風時雨時遠行來時此是時
若比丘尼无病為炙身故露地然火若教人然除餘時波逸提
若比丘尼藏他比丘尼若鉢若衣若坐具針筩若自藏教人藏下
至戲笑者波逸提
若比丘尼藏他比丘尼若鉢若衣若叉摩那沙弥尼衣後不問

若比丘尼藏他比丘尼若鉢若衣若又摩那沙弥尼衣後不問
主取著者波逸提　若比丘尼得新衣當作三種染壞色青黑
木蘭若比丘尼得新衣不作三種染壞色青黑木蘭新〻衣特者波逸提
若比丘尼故斷畜生命者波逸提　若比丘尼知水有虫飲用者波逸提
若比丘尼故惱他比丘尼乃至少時不樂〻者波逸提
若比丘尼知比丘尼有麁惡罪覆藏者波逸提
若比丘尼知僧諍事如法懺悔已後更發舉者波逸提
若比丘尼知是賊伴期共一道行乃至聚落者波逸提
若比丘尼作如是語我知佛所說法行婬欲非是障道法彼比丘
尼諫此比丘尼言大姊莫作是語莫謗世尊謗世尊者不善世
尊不作是語世尊无數方便說行婬欲是障道法犯婬欲者是障
道法彼比丘尼諫此比丘尼時堅持不捨彼比丘尼乃至三諫令捨是
事乃至三諫時捨者善不捨者波逸提

若比丘尼知沙弥尼作如是語我知佛所説法行婬欲非鄣道法
彼比丘尼諫此沙弥尼言汝莫作是語莫誹謗世尊誹謗世尊不
善世尊不作是語沙弥尼世尊无數方便説行婬欲是鄣道
法犯婬者是鄣道法比丘尼諫此沙弥尼時堅持不捨彼比丘尼
應乃至三呵諫捨此事故乃至三諫時若捨者善不捨者彼比丘尼
應語是沙弥尼言汝自今已去非佛弟子不得隨餘比丘尼行如諸
沙弥尼德與比丘尼二宿汝今无是事汝去滅去不須此中住若比
丘尼知如是破儐沙弥尼若畜共同止宿者波逸提
若比丘尼如法諫時作如是語我今不學是戒乃至問有智慧持
律者當難問波逸提若為求解應當難
若比丘尼説戒時
如是語大姊用是雜碎戒為説是戒時令人惱愧懷疑輕毀戒故波逸提
若比丘尼説戒時作如是語大姊我今始知是戒半月半説戒經中
来餘比丘尼知是比丘尼若二若三説戒中坐何況多彼比丘尼无知无解

若比丘尼說戒時作如是語大姊我今始知是戒半月半月說戒經中
來餘比丘尼知是比丘尼若二若三說戒中坐何況多彼比丘尼无知无解
若犯罪應如法治更重增无知法大姊汝聽法時不一心攝耳聽法无知故波逸提
若比丘尼共同羯磨已後作如是說諸比丘尼隨親厚以衆僧物與者波逸提
若比丘尼僧斷事時不與欲而起去者波逸提
若比丘尼與欲竟後更呵者波逸提 六十　若比丘尼比共鬪諍後
聽此語已欲向彼說者波逸提　若比丘尼瞋恚故不喜打彼比丘
尼者波逸提　若比丘尼瞋恚故不喜以手搏比丘尼者波逸提
若比丘尼剎利水澆頭王王未出未藏寶若入過宮門閫者波逸提
若比丘尼若寶及以寶莊飾具自捉若教人捉除僧伽藍中及
寄宿處波逸提若僧伽藍中若寄宿處若寶若以莊寶飾
具自捉若教人捉若識者當取如是因緣非餘　若比丘尼非時入聚
落不囑比丘尼者波逸提　若比丘尼作繩床若木床足應高如來八
指除入陛孔上截竟過者波逸提　若比丘尼持兜羅綿貯繩

若比丘尼故以胡膠作男根者波逸提　若比丘尼共相拍者波逸提
若比丘尼乞生穀者波逸提
若比丘尼在生草上大小便者波逸提　若比丘尼夜便大小便器
器中晝不看牆外棄者波逸提　若比丘往觀聽伎樂者波逸提
若比丘尼村內與男子在屏覆處共立共語者波逸提　八十
若比丘尼與男子共入屏覆處者波逸提
若比丘尼入村內巷陌中遣伴遠去在屏處與男子共立耳
語者波逸提。若比丘尼入白衣家內坐不語主人捨去波逸提
若比丘尼入白衣家內不語主人輒牀坐者波逸提
若比丘尼入白衣家內不語主人輒自敷坐宿者波逸提
若比丘尼與男子共入闇室中波者逸提
若比丘尼不審諦受師語便向人說者波逸提
若比丘尼有小因緣事便呪詛墮三惡道不生佛法中若我
有如是事墮三惡道不生佛法中若汝有　如是事亦墮

若比丘尼有小因緣事便呪詛墮三惡道不生佛法中若我
有如是事墮三惡道不生佛法中若汝有如是事亦墮
三惡道不生佛法中者波逸提
若比丘尼共鬪諍不善憶持諍事推胸啼哭者波逸提
若比丘尼无病二人共牀卧者波逸提卆　若比丘尼共一蓐同
一被卧除餘時者波逸提　若比丘尼知先住後至知後
至先住為惱在前誦經問義教授者波逸提
若比丘尼同活比丘尼病不瞻視者波逸提　若比丘尼安居初
聽餘比丘尼房中安牀後瞋恚驅去者波逸提
若比丘尼春夏冬一時時人間遊行除因緣者波逸提
若比丘尼夏安居訖不去者波逸提　若比丘尼邊界有疑恐
怖處人間遊行者波逸提　若比丘尼於界內有疑恐怖處人
間遊行者波逸提　若比丘尼於界內有疑恐怖處在人間
遊行者波逸提　若比丘尼親近居士居士兒共住作不隨

比丘尼時堅持不捨彼比丘尼應三諫捨此事故乃至三諫捨此
事者善不捨者波逸提　若比丘尼往觀王宮文飾畫堂園林
浴池者波逸提一百　若比丘尼露身形在河水泉渠水中者波逸提
若比丘尼作浴衣應量作應量作者長佛六搩手廣二搩手半
若過者波逸提　若比丘尼縫僧伽梨過五日者波逸提
若比丘尼過五日不看僧伽梨者波逸提
若比丘尼與衆僧衣者作留難者波逸提　若比丘尼不問主便
着他衣者波逸提　若比丘尼持沙門衣施與外道白衣者波逸提
若比丘尼作如是意衆僧如法分衣遮令不分恐弟子不得者波逸提
若比丘尼作如是意令衆僧令不得出迦絺那衣後當出欲令五事
不得放捨者波逸提　若比丘尼作如是意遮比丘尼僧不出迦絺那
衣欲令不得五事放捨者波逸提一百下　若比丘尼作如是意遮比
爲我滅此諍事而不作方便令滅者波逸提　若比丘尼自手持
食與白衣外道食者波逸提　若比丘尼爲白衣作使者波逸提

BD00711　四分比丘尼戒本

為我滅此諍事而不作方便令滅者波逸提 若比丘尼自手持
食與白衣入外道食者波逸提 若比丘尼為白衣作使者波逸提
若比丘尼自手紡績者波逸提 若比丘尼至白衣舍內在小牀大
牀上若坐若卧者波逸提 若比丘尼入白衣舍語主人
敷敷上宿明日不辭主人而去者波逸提 若比丘尼自誦習世俗呪術波逸提
若比丘尼教人誦習世俗呪術者波逸提 若比丘尼知女人任身度
與受具足戒者波逸提 若比丘尼知婦女乳兒與受具足戒者波逸提
若比丘尼知年不滿廿受具足戒者波逸提
若比丘尼年十八童子不與二歲學戒年滿廿便與受具足戒波逸提
若比丘尼年十八童女與二歲學戒與六法滿二十衆僧不聽便與
受具足戒者波逸提 若比丘尼曾嫁婦女年十歲與二歲學戒
年滿十二聽與受具足戒若滅十二與受具足戒者波逸提
若比丘尼度小年曾嫁婦女與二歲學戒年滿十二不白衆僧
便與受具足戒者波逸提 若比丘尼知是人與受具足戒者波逸提

人具足戒者波逸提一百三十　若比丘尼年未滿十二歲授人具足戒波逸提

若比丘尼年滿十二歲衆僧不聽便授具足戒者波逸提

若比丘尼僧不聽授人具足戒便言衆僧有愛有恚有怖有癡

欲聽者便聽者便聽不欲者便不聽如是語者波逸提

若比丘尼父母夫主不聽與受具足戒者波逸提

若比丘尼知女人與童男子相敬愛愁憂瞋恚女人度令出家

受具足戒者波逸提　若比丘尼語式叉摩那言汝姊捨是

當與汝受具足戒若不方便與受具足戒者波逸提

若比丘尼語式叉摩那言持衣來與我當與汝受具足戒而

不方便與受具足戒者波逸提　若比丘尼不滿一歲授人具足

戒者波逸提　若比丘尼與人授具足戒已經宿方往比丘僧中

與受具足戒者波逸提　若比丘尼不病不往受教授者波逸提一百卌

若比丘尼半月應往比丘僧中求教授若不求者波逸提

若比丘尼僧夏安居竟應往比丘僧中說三事自恣見。

BD00711　四分比丘尼戒本

若比丘尼僧夏安居竟應往比丘僧中說三事自恣見、
往者波逸提　若比丘尼在无比丘處夏安居者波逸提
若比丘尼知有比丘僧伽藍不白而入者波逸提
丘者波逸提　若比丘尼喜鬪諍不善憶持諍事
比丘尼衆者波逸提　若比丘尼身生癰及種、創不白衆及餘
人破若裹者波逸提　若比丘尼先受請若足食已後食飯
麨乾飯魚及肉者波逸提　若比丘尼於家生嫉妬心波逸提
若比丘尼以香塗摩身者波逸提　若比丘尼以胡麻滓塗摩身波逸提
若比丘尼使比丘尼塗摩身者波逸提　若比丘尼式叉摩那塗摩身
逸提　若比丘尼使沙弥尼塗摩身者波逸提
白衣女人塗摩者身波逸提　若比丘尼著貯跨衣者波逸提
具除時因緣波逸提
除時因緣波逸提
逸　若比丘尼不著僧祇支入村者波逸提言

BD00711　四分比丘尼戒本

BD00711v　四分比丘尼戒本外題

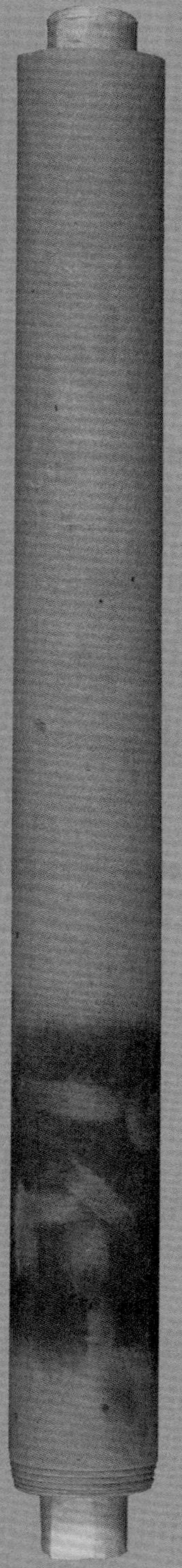

BD00712 妙法蓮華經卷一

（後秦）鳩摩羅什 譯

259.8cm × 26.5cm

閣崛山中與
羅漢諸漏已
結心得自在
訶迦葉優樓頻螺迦
舍利弗大目揵連摩
賓那憍梵波提離婆
[illegible]
多畢陵伽婆蹉薄拘羅摩訶拘絺羅難陀孫
陀羅難陀富樓那彌多羅尼子須菩提阿難
羅睺羅如是衆所知識大阿羅漢等復有學
无學二千人摩訶波闍波提比丘尼與眷屬
六千人俱羅睺羅母耶輸陀羅比丘尼亦與
眷屬俱菩薩摩訶薩八萬人皆於阿耨多羅
[illegible]

所殖衆德本常爲諸佛之所稱嘆以慈脩身
善入佛慧通達大智到於彼岸名稱普聞无
量世界能度无數百千衆生其名曰文殊師
利菩薩觀世音菩薩得大勢菩薩常精進菩
薩不休息菩薩寶掌菩薩藥王菩薩勇施菩
薩寶月菩薩月光菩薩滿月菩薩大力菩薩
无量力菩薩越三界菩薩䟦陁婆羅菩薩弥
勒菩薩寶積菩薩導師菩薩如是等菩薩摩
訶薩八萬人俱尒時釋提桓因與其眷屬二
萬天子俱復有名月天子普香天子寶光天
子四大天王與其眷屬萬天子俱自在天子
大自在天子與其眷屬三萬天子俱娑婆世
界主梵天王尸棄大梵光明大梵等與其眷

大自在天子與其眷屬三萬天子俱娑婆世
界主梵天王尸棄大梵光明大梵等與其眷
屬萬二千天子俱有八龍王難陀龍王跋難
陁龍王娑伽羅龍王和脩吉龍王德叉迦龍
王阿那婆達多龍王摩那斯龍王優鉢羅龍
王等各與若干百千眷屬俱有四緊那羅王
法緊那羅王妙法緊那羅王大法緊那羅王
持法緊那羅王各與若干百千眷屬俱有四
乾闥婆王樂乾闥婆王樂音乾闥婆王美乾
闥婆王美音乾闥婆王各與若干百千眷屬
俱有四阿脩羅王婆稚阿脩羅王佉羅騫大
阿脩羅王毗摩質多羅阿脩羅王羅睺羅阿脩
羅王各與若干百千眷屬俱有四迦樓羅王

韋提希子阿闍世王與若干百千眷屬俱各
礼佛足退坐一面
尒時世尊四衆圍繞供養恭敬尊重讚嘆為
諸菩薩說大乘經名无量義教菩薩法佛所
護念佛說此經已結加趺坐入於无量義處
三昧身心不動是時天雨曼陁羅華摩訶曼
陁羅華曼殊沙華摩訶曼殊沙華而散佛上
及諸大衆普佛世界六種震動尒時會中比
丘比丘尼優婆塞優婆夷天龍夜叉乾闥婆
阿脩羅迦樓羅緊那羅摩睺羅伽人非人等及
諸小王轉輪聖王是諸大衆得未曾有歡喜
合掌一心觀佛尒時佛放眉間白毫相光照
東方萬八千世界靡不周遍下至阿鼻地獄

合掌一心觀佛尒時佛放眉間白豪相光照
東方萬八千世界靡不周遍下至阿鼻地獄
上至阿迦尼吒天於此世界盡見彼土六趣
衆生又見彼土現在諸佛及聞諸佛所說經
法并見彼諸比丘比丘尼優婆塞優婆夷諸
脩行得道者復見諸菩薩摩訶薩種種因緣
種種信解種種相貌行菩薩道復見諸佛般
涅槃者復見諸佛般涅槃後以佛舍利起七
寶塔尒時彌勒菩薩作是念今者世尊現神
變相以何因緣而有此瑞今佛世尊入于三
昧是不可思議現希有事當以問誰誰能荅
者復作此念是文殊師利法王之子已曾親
近供養過去无量諸佛必應見此希有之相

之相今當問誰尒時弥勒菩薩欲自決疑又
觀四衆比丘比丘尼優婆塞優婆夷及諸天
龍鬼神等衆會之心而問文殊師利言以何
因緣而有此瑞神通之相放大光明照于東
方萬八千土悉見彼佛國界莊嚴於是弥勒
菩薩欲重宣此義以偈問曰

文殊師利 導師何故 眉間白毫 大光普照
雨曼陀羅 曼殊沙華 栴檀香風 悅可衆心
以是因緣 地皆嚴淨 而此世界 六種震動
時四部衆 咸皆歡喜 身意快然 得未曾有
眉間光明 照于東方 萬八千土 皆如金色
從阿鼻獄 上至有頂 諸世界中 六道衆生
生死所趣 善惡業緣 受報好醜 於此悉見

從阿鼻獄　上至有頂　諸世界中　六道衆生
生死所趣　善惡業緣　受報好醜　於此悉見
又覩諸佛　聖主師子　演說經典　微妙第一
其聲清淨　出柔軟音　教諸菩薩　无數億萬
梵音深妙　令人樂聞　各於世界　講說正法
種種因緣　以无量喻　照明佛法　開悟衆生
若人遭苦　厭老病死　爲說涅槃　盡諸苦際
若人有福　曾供養佛　志求勝法　爲說緣覺
若有佛子　脩種種行　求无上慧　爲說淨道
文殊師利　我住於此　見聞若斯　及千億事
如是衆多　今當略說　我見彼土　恒沙菩薩
種種因緣　而求佛道　或有行施　金銀珊瑚
真珠摩尼　車𤦲馬瑙　金鋼諸珍　奴婢車乘

欄楯蕐蓋　軒飾布施　復見菩薩　身肉手足
及妻子施　求无上道　又見菩薩　頭目身體
欣樂施與　求佛智慧　文殊師利　我見諸王
往詣佛所　問无上道　便捨樂土　宮殿臣妾
剃除鬚髮　而被法服　或見菩薩　而作比丘
獨處閑靜　樂誦經典　又見菩薩　勇猛精進
入於深山　思惟佛道　又見離欲　常處空閑
深脩禪定　得五神通　又見菩薩　安禪合掌
以千萬偈　讚諸法王　復見菩薩　智深志固
能問諸佛　聞悉受持　又見佛子　定慧具足
以无量喻　為衆講法　欣樂說法　化諸菩薩
破魔兵衆　而擊法鼓　又見菩薩　寂然宴嘿
天龍恭敬　不以為喜　又見菩薩　處林放光

破魔兵衆　而擊法鼓　又見菩薩　寂然宴默
天龍恭敬　不以爲喜　又見菩薩　處林放光
濟地獄苦　令入佛道　又見佛子　未嘗睡眠
經行林中　懃求佛道　又見具戒　威儀无缺
淨如寶珠　以求佛道　又見佛子　住忍辱力
增上慢人　惡罵捶打　皆悉能忍　以求佛道
又見菩薩　離諸戲咲　及癡眷屬　親近智者
一心除亂　攝念山林　億千萬歲　以求佛道
或見菩薩　餚饍飲食　百種湯藥　施佛及僧
名衣上服　價直千萬　或无價衣　施佛及僧
千萬億種　栴檀寶舍　衆妙卧具　施佛及僧
清淨園林　華菓茂盛　流泉浴池　施佛及僧
如是等施　種種微妙　歡喜无猒　求无上道
或有菩薩　說寂滅法　種種教詔　无數衆生

又見佛子　心无所著　以此妙慧　求无上道
文殊師利　又有菩薩　佛滅度後　供養舍利
又見佛子　造諸塔廟　无數恒沙　嚴飾國界
寶塔高妙　五千由旬　縱廣正等　二千由旬
一一塔廟　各千幢幡　珠交露幔　寶鈴和鳴
諸天龍神　人及非人　香華伎樂　常以供養
文殊師利　諸佛子等　為供舍利　嚴飾塔廟
國界自然　殊特妙好　如天樹王　其華開敷
佛放一光　我及衆會　見此國界　種種殊妙
諸佛神力　智慧希有　放一淨光　照无量國
我等見此　得未曾有　佛子文殊　願決衆疑
四衆欣仰　瞻仁及我　世尊何故　放斯光明
佛子時答　決疑令喜　何所饒益　演斯光明

四衆欣仰瞻仁及我世尊何故放斯光明
佛子時答決疑令喜何所饒益演斯光明
佛坐道場所得妙法為欲說此為當授記
示諸佛土衆寶嚴淨及見諸佛此非小緣
文殊當知四衆龍神瞻察仁者為說何等
尒時文殊師利語弥勒菩薩摩訶薩及諸大
士善男子等如我惟忖今佛世尊欲說大法
雨大法雨吹大法螺擊大法鼓演大法義諸
善男子我於過去諸佛曾見此瑞放斯光已
即說大法是故當知今佛現光亦復如是欲
令衆生咸得聞知一切世間難信之法故現
斯瑞諸善男子如過去无量无邊不可思議
阿僧祇劫尒時有佛号日月燈明如來應供

其義深遠其語巧妙純一无雜具足清白梵

行之相爲

BD00713　大般若波羅蜜多經卷四〇八

（唐）玄奘 譯

49.5cm × 27.6cm

般若波羅蜜多名不得菩薩摩訶薩不得菩
薩摩訶薩名亦不得菩薩摩訶薩心善現應
如是教誡教授諸菩薩摩訶薩令於般若波
羅蜜多皆得成辦　第二分入離生品第七
尒時具壽善現白佛言世尊若菩薩摩訶薩
欲圓滿布施波羅蜜多當學般若波羅蜜多
欲圓滿淨戒安忍精進靜慮般若波羅蜜多
當學般若波羅蜜多若菩薩摩訶薩欲遍知
色當學般若波羅蜜多欲遍知受想行識當
學般若波羅蜜多若菩薩摩訶薩欲遍知眼
處當學般若波羅蜜多欲遍知耳鼻舌身意
處當學般若波羅蜜多若菩薩摩訶薩欲遍
知色處當學般若波羅蜜多欲遍知聲香味

鼻舌身意界當學般若波羅蜜多若菩薩摩
訶薩欲遍知色界當學般若波羅蜜多欲遍
知聲香味觸法界當學般若波羅蜜多若菩
薩摩訶薩欲遍知眼識界當學般若波羅蜜
多欲遍知耳鼻舌身意識界當學般若波羅
蜜多若菩薩摩訶薩欲遍知眼觸當學般若
波羅蜜多欲遍知耳鼻舌身意觸當學般若
波羅蜜多若菩薩摩訶薩欲遍知眼觸為緣
所生諸受當學般若波羅蜜多欲遍知耳鼻
舌身意觸為緣所生諸受當學般若波羅蜜
多若菩薩摩訶薩欲遍知地界當學般若波
羅蜜多欲遍知水火風空識界當學般若波

BD00714A 正法念處經卷七

（北魏）般若流支 譯

34.6cm×27.5cm

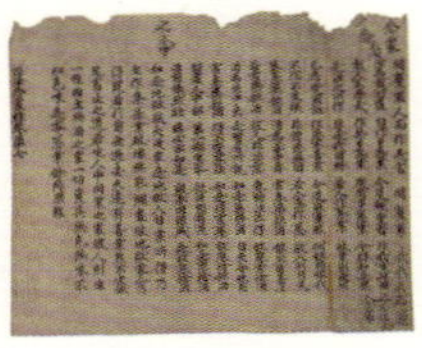

念處
念念

閻魔羅人而作是言　閻魔羅　我我我之之之
汝為癡所覆　自作多惡業　今受極重苦　非我告此因
癡人不學式　作集多惡業　既有多惡業　今得如是果
是汝之所作　非是我因緣　若人作惡業　彼業則是因
已為愛羅誑　作惡不善業　今受惡業報　何故瞋恨我
不住不受殃　非謂惡無因　若人意作惡　彼人則自受
莫憙樂飲酒　酒為毒中毒　常憙樂飲酒　能斷諸善法
若常樂飲酒　彼人非正意　意動法退得　故應常捨酒
酒為失中失　是智者所說　如是莫樂酒　自失令他失
常憙樂飲酒　得不愛惡法　如是得言惡　故應捨飲酒
財盡人中鄙　第一懈怠本　飲酒則有過　如是應捨酒
酒能燒然欲　瞋心亦如是　癡亦因酒盛　是故應捨酒

之正法念
念處

之念

[illegible]
得脫若於前世過去久遠有善業熟不生餓
鬼畜生之道若生人中同業之處彼人則生
一種國土無酒之處一切資具無色無味不
知色味是本惡業餘殘果報

正法念處經卷第七

BD00714B 正法念處經卷二五

（北魏）般若流支譯

BD00714Bv 雜寫

48.5cm × 27cm

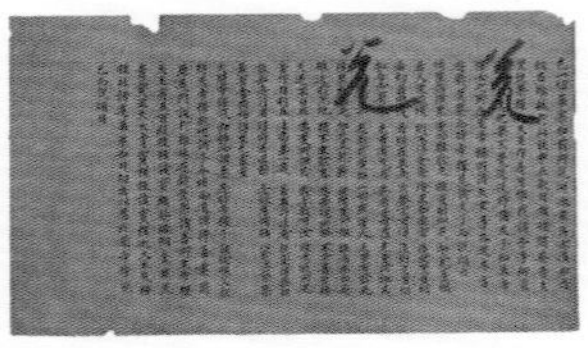

色一切華果如前所説河池衆鳥亦復如是
故名雜林於此林中五欲自娛揵闥婆音久
受快樂釋[illegible]天王作是思惟我諸子等何處
天[illegible]放逸之樂不覺退沒時諸天子知天帝
釋心之所念至帝釋所諸天女等各還本宮
遊戲受樂尒時帝釋見諸天子而説頌曰
悕望諸境界　愛心難猒足　離愛則知足　此人无憂惱
若人愛欲境　則不得安樂　境界如毒害　後世受苦惱
若初若中後　若現在未來　求樂不可得　後則受苦惱
和合必有離　未曾有免者　樂為苦所覆　无量諸誑惑
[illegible]生癡所誑　遊戲於愛欲　一切癡愛人　未曾有猒足
境界難滿足　如火益乾薪　世間愛所誑　難滿亦如是
雖近於死地　猶不生猒患　為愛境所誑　不求善資粮

能如是行者 得寂滅涅槃 是故應脩福 以求涅槃樂
若有常脩福 得至无盡處
天聞帝釋說 寂靜心調柔 是時帝釋子 調伏順又教
時天帝釋教呵諸子令順正道脩行善業閉
惡道門 詣於雜林遊戲受樂諸善所生帝釋
天王有五百殿種種諸寶頗梨珊瑚金銀天
青寶王天大青寶種種諸寶釋迦天王見種
種林諸蓮華葉如日初出以為莊嚴帝釋見
已而說頌曰

BD00714Bv　雜寫

BD00714C 正法念處經卷二六

（北魏）般若流支 譯

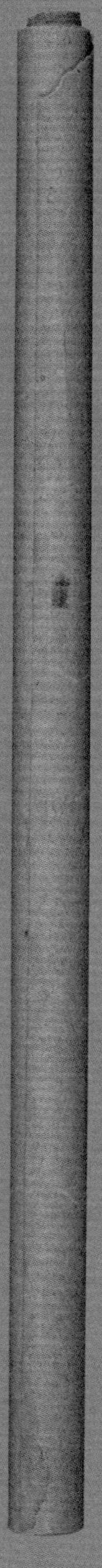

48.8cm × 27cm

天子乘衆寶殿有乘寶宮車渠為底真珠羅
網以覆其珊瑚為壁白銀為柱復有天子乘
於金殿真珠為壁赤寶為底白銀為柱珊瑚
莊嚴一一莊嚴山千光明百千諸殿不可稱
說天衆圍繞无量百千種種莊嚴天子乘之
往詣園林毗瑠璃幢或赤霞幢或紫金幢或
赤蓮華寶幢无量種色寶幢衆幡遍於虛空
歡喜遊戲往詣四林无量伎樂百千億聲種
種妙音皆悉具足聞者愛樂如業所得上中
下報歡娛受樂往詣大林一一天子與天女衆或
百或千乃至百千歌舞戲笑揵闥婆音伎樂
具足往詣大林受五欲樂一一天女各與天子
娛樂受樂如意縱逸往詣種種遊戲之處

[illegible]
千寶殿輪輞輾諸金地金塵滿空令空陰翳
而无染汙若諸天子命欲終時塵則著身有
諸天子曾見餘天有如是相不久退沒受大
苦惱生慈悲心而說頌曰

諸天行此道　或百或千還　為於時節火　而燒境界薪
見他病死相　而自不覺知　衰相既至已　乃知自苦惱
放逸自濁心　常樂於境界　不覺死隨逐　常不離衆生
愛樂遊戲人　樂行於放逸　死軍將欲至　破壞如毒害

BD00714D 正法念處經卷四四

（北魏）般若流支 譯

BD00714Dv 勘記

48.3cm × 27cm

正法念處經天品之卄三　夜摩天之九　卌四

又復業分若人生天不曾布施唯持於戒得生天中唯有一種功德具足五欲功德劣於餘天是業因緣人勝天劣毗婆尸佛當尒之時而說偈言

人中布施已　則生於善道　非天能布施　以是果地故
命念念不住　如是轉不迴　業果將欲盡　應當作福德
一切是心力　能令命流轉　是故有智者　不為命作惡
一切皆不畏　未來諸苦惱　如是苦惱人　癡羂所縛故
布施持戒寶　於誰心中有　若天若是人　則到於善道
有為生住滅　皆是无常故　一切有為集　亦如是无常

切世間无量衰惱處處普遍有五種縛縛
天縛人愚癡自盲惡欲壞心唯生愛樂一切
愚癡毛道凡天迭相愛縛如鳥在籠一切人
天於生死中流轉常行以是義故若人若
天或命或樂勿生常相應於世間一切諸法不
生常想不作无量種種分別
又復具足十二種施如是布施天中所无唯
人中有天唯食果若食果盡爛失破壞退彼
天處何等十二布施具足一者方處具足二
者時節具足三者功德具足四者可愛具足
謂所愛物五者福田具足六者施飢渴者七
者信心施與八者不求而施功德具足九者
有歡喜心施妻子等十者簡擇心所敬重勝

BD00714Dv　勘記

BD00715 金光明最勝王經卷七

（唐）義净 譯

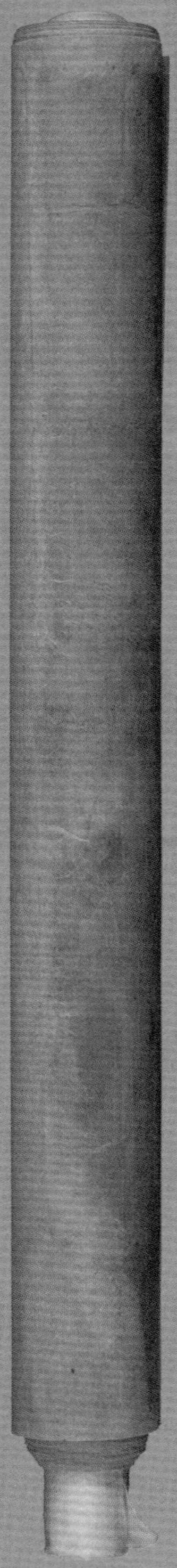

224cm × 26cm

金光明最勝王經無染着陀羅尼品第十三七 三藏法師義淨奉制譯
尒時世尊告具壽舍利子今有法門名無染
着陀羅尼是諸菩薩所修行法過去菩薩之
所受持是菩薩母說是語已具壽舍利子白
佛言世尊陀羅尼者是何已句義世尊陀羅尼
者非方處非非方處作是語佛告舍利子
善哉善哉舍利子汝於大乘已能發趣信解
大乘尊重大乘如汝所說陀羅尼者非方處
非非方處非法非非法非過去非未來非現
在非事法非非事非緣非非緣非行非非行無
有法生亦無滅然為利益道諸菩薩故作如、
是說於此陀羅尼功用正理趣勢力安立

依是語已舍利子白佛言世尊唯願善逝爲
我說此陁羅尼法若諸菩薩能安住者於無
上菩提不復退轉成就正願得無所依自性
辯才獲希有事安住聖道皆由得此陁羅尼
故佛告舍利子善哉善哉如是如是如汝所說
若有菩薩得此陁羅尼者應知是人與佛
無異若有供養尊重承事供給此菩薩者應
知即是供養於佛舍利子若有餘人聞此陁
羅尼受持讀誦生信解者亦應如是恭敬供
養與佛無異以是因緣獲無上果尒時世尊
即爲演說陁羅尼曰

怛　姪　他　删陁喇伱唱多喇伱
蘇三鉢囉底瑟恥多　藴[illegible]　那　麽
蘇鉢喇底瑟恥哆　鼻逝也　跋　羅

BD00715　金光明最勝王經卷七

蘇鉢喇底瑟恥哆　鼻逝也　馱　羅
薩底也鉢喇底慎若　蘇　阿嚧　訶
慎若那　末底　嗢波彌　你
阿伐那　末你　阿毗師彌你
阿鞞毗耶　訶囉　輸婆伐底
蘇尼室喇多列　薄虎郡社引
阿毗婆馱引　莎訶
佛告舍利子此無染著陀羅尼句若有菩薩
能善安住能正受持者當知是人若於一劫
若百劫若千劫若百千劫所發正願無有窮
盡身亦不被刀杖毒藥水火猛獸之所損害
何以故舍利子此無染著陀羅尼是過去諸
佛母未來諸佛母現在諸佛母舍利子若復
有人以十阿僧企耶三千大千世界滿中七
寶奉施諸佛及以上妙衣服飲食種種供養

子此無染著陀羅尼甚深法門是諸佛母故
時具壽舍利子及諸大衆聞是法已皆大歡
喜咸願受持

金光明最勝王經如意寶珠品第十四

尒時世尊於大衆中告阿難陀曰汝等當知
有陀羅尼名如意寶珠遠離一切災厄亦能
遮止諸惡雷電過去如來應正等覺所共宣
說我於今時於此經中亦爲汝等大衆宣說
能於人天爲大利益哀愍世間擁護一切令
得安樂時諸大衆及阿難陀聞佛語已各各
至誠瞻仰世尊聽受神呪佛言汝等諦聽於
此東方有光明電王名阿揭多南方有光明
電王名設羝嚕西方有光明電王名主多光
北方有光明電王名蘇多末尼若有善男子

北方有光明電王名蘊多末尼若有善男子
善女人得聞如是電王名字及知方處者此
人即便遠離一切怖畏之事及諸灾横悉皆
消弥若於住處書此四方電王名者於所住
處無雷電怖亦無灾厄及諸障惱非時枉死
悉皆遠離尒時世尊即說呪曰
怛姪他　你弭你弭你弭你弭
尼民達　哩　室哩盧迦盧羯俫
室哩輸攞漈　曷路又曷路　又
我某甲及此住處一切恐怖所有苦惱雷電
霹靂乃至枉死悉皆遠離莎訶
尒時觀自在菩薩摩訶薩在大衆中即從座
起偏袒右肩合掌恭敬白佛言世尊我今亦
於佛前略說如意寶珠神呪於諸人天為大

怛姪他　喝帝　呲喝帝你　喝帝

鉢喇室　體雞　鉢喇底丁耶　窶　室囉

戍提目鞮　呲末囉　鉢喇婆莎　薀治囉

安荼入聲囉　般荼囉　稅平聲　帝

般荼囉婆　死你　喝囉　羯　荼引　囉

劫　畢　囉　水　揭　羅　惡　綺

達　地　目　佉　曷　路　叉　曷　喀　叉

我某甲及此住處一切怨怖所有苦惱乃至

枉死悉皆遠離願我莫見罪惡之事常

蒙聖觀自在菩薩大悲威光之所護念莎訶

尒時執金剛秘密主菩薩即從座起合掌恭

敬白佛言世尊我今亦說陀羅尼呪名曰無

勝於諸人天為大利益哀愍世間擁護一切

有大威力所求如願即說呪曰

勝於諸人天爲大利益哀愍世間擁護一切
有大威力所求如願即說呪曰
怛姪他毋你毋你　毋尼麗末底末底
蘊末底莫訶末底　呵呵呵磨婆以
那悉底帝（引）跋　跋析攞波你
惡鉗（火含）姪嘌萊（上）　莎訶
世尊我此神呪名曰無勝擁護若有男女一
心受持書寫讀誦憶念不忘我於晝夜常
護是人於一切怨怖乃至枉死悉皆遠離
尒時索訶世界主梵天王即從座起合掌恭
敬白佛言世尊我亦有陀羅尼微妙法門於諸
人天爲大利益哀愍世間擁護一切有大
威力所求如願即說呪曰
怛姪他　嚧里弭里地里莎訶
跋羅鉗魔布麗　跋羅鉗末泥

者令離憂惱及諸罪業乃至枉死悉皆遠離
尒時帝釋天主即從座起合掌恭敬白佛言
世尊我亦有陀羅尼名跋折羅扇你是大明呪
呪能除一切恐怖厄難乃至枉死悉皆遠離救
苦與樂利益人天即說呪曰
怛姪他毗你婆喇你　畔拕麼　彈　滯
麼藏你擻擻矐哩　達陀哩荼　哩
摩登者上　下羯死　薩　羅跋喇　鞞　去
呬娜末住答麼嗢多喇你　莫呼剌你達剌　你　計
斫羯囉婆　枳　捨伐哩舍伐哩莎　訶
尒時多聞天王持國天王增長天王廣目天
王俱從座起合掌恭敬白佛言世尊我今亦
有神呪名施一切衆生無畏於諸苦惱常為
擁護令得安樂增益壽命無諸患苦乃至枉

不祐吠室方一切衆生無畏於諸苦惱常爲
擁護令得安樂增益壽命無諸患苦乃至枉
死悉皆遠離耶說呪曰
怛姪他補澀閉 蘊補澀閉
度摩鉢喇呵曬 阿攞耶鉢喇設悉帝
扇帝涅目帝 怛揭倒窣覩帝
悉哆鼻帝 莎訶
尒時後有諸大龍王所謂末那斯龍王電光
龍王無熱池龍王電舌龍王妙光龍王俱從座
起合掌恭敬白佛言世尊我亦有如意寶
珠陁羅尼能遮惡電除諸恐怖能於人天爲
大利益哀愍世間擁護一切有大威力所求
如願乃至枉死悉皆遠離一切毒藥皆令止
息一切造作蠱道呪術不吉祥事悉令除滅
我今以此神呪奉獻世尊唯願哀愍慈悲納

種子耶說呪曰

怛姪他 阿折 囇 阿末囇 阿蜜㗚 帝

惡叉裔 阿弊裔 奔尼鉢唎耶 法帝

薩婆波 跛 鉢唎苦摩尼裔沙訶

阿 離 裔 般豆摩波尼裔莎訶

世尊若有善男子善女人口中說此陀羅尼

明呪或書經卷受持讀誦恭敬供養者終無

BD00716 金剛般若波羅蜜經

（後秦）鳩摩羅什 譯

499.4cm × 26cm

福者於
以此為實當知是人不於一
三四五佛而種善根已於无量千万佛
諸善根聞是章句乃至一念生淨信
菩提如来悉知悉見是諸衆生得如是无
量福德何以故是諸衆生无復我相人相衆
生相壽者相无法相亦无非法相何以故是諸
衆生若心取相則為著我人衆生壽者若取
法相即著我人衆生壽者何以故若取非法
相即著我人衆生壽者是故不應取法不應
取非法以是義故如来常説汝等比丘知我
説法如筏喻者法尚應捨何況非法
須菩提於意云何如来得阿耨多羅三藐三
[illegible]

提亦无有定法如来可說何以故如来所說
法皆不可取不可說非法非非法所以者何
一切賢聖皆以无為法而有差别
須菩提於意云何若人滿三千大千世界七
寶以用布施是人所得福德寧為多不須菩
提言甚多世尊何以故是福德即非福德性
是故如来說福德多須菩提於意云何若
復有人於此經中受持乃至四句偈等為他
人說其福勝彼何以故須菩提一切諸佛及
諸佛阿耨多羅三藐三菩提法皆從此經
出須菩提所謂佛法者即非佛法
須菩提於意云何須陁洹能作是念我得須

BD00716　金剛般若波羅蜜經

須菩提於意云何須陀洹能作是念我得須
陀洹果不須菩提言不也世尊何以故須陀
洹名為入流而无所入不入色聲香味觸法是
名須陀洹須菩提於意云何斯陀含能作
是念我得斯陀含果不須菩提言不也世尊
何以故斯陀含名一往來而實无往來是名
斯陀含須菩提於意云何阿那含能作是
念我得阿那含果不須菩提言不也世尊何以
故阿那含名為不來而實无來是故名阿那
含須菩提於意云何阿羅漢能作是念我得
阿羅漢道不須菩提言不也世尊何以故實
无有法名阿羅漢世尊若阿羅漢作是念
我得阿羅漢道即為着我人衆生壽者世
尊佛說我得无諍三昧人中最為第一

漢世尊我若作是念我得阿羅漢道世尊則
不說須菩提是樂阿蘭那行者以須菩提實
无所行而名須菩提是樂阿蘭那行
佛告須菩提於意云何如來昔在然燈佛所
於法有所得不世尊如來在然燈佛所於法
實无所得須菩提於意云何菩薩莊嚴佛
土不不也世尊何以故莊嚴佛土者則非莊嚴
是名莊嚴是故須菩提諸菩薩摩訶薩應
如是生清淨心不應住色生心不應住聲香味
觸法生心應无所住而生其心須菩提譬如
有人身如須弥山王於意云何是身為大不
須菩提言甚大世尊何以故佛說非身是

BD00716　金剛般若波羅蜜經

須菩提言甚大世尊何以故佛說非身是
名大身須菩提如恒河中所有沙數如是沙等
恒河於意云何是諸恒河沙寧為多不須菩
提言甚多世尊但諸恒河尚多无數何況其
沙須菩提我今實言告汝若有善男子善女
人以七寶滿尒所恒河沙數三千大千世界
以用布施得福多不須菩提言甚多世尊佛
告須菩提若善男子善女人於此經中乃至
受持四句偈等為他人說而此福德勝前福
德復次須菩提隨說是經乃至四句偈等當
知此處一切世間天人阿脩羅皆應供養如
佛塔廟何況有人盡能受持讀誦須菩提
當知是人成就最上第一希有之法若是經

云何奉持佛告須菩提是經名為金剛般若
波羅蜜以是名字汝當奉持所以者何須菩
提佛說般若波羅蜜則非般若波羅蜜須菩
提於意云何如來有所說法不須菩提白佛言
世尊如來无所說須菩提於意云何三千大
千世界所有微塵是為多不須菩提言甚
多世尊須菩提諸微塵如來說非微塵是名
微塵如來說世界非世界是名世界須菩提
於意云何可以三十二相得見如來不不也
世尊不可以三十二相得見如來何以故如來
所說三十二相即是非相是名三十二相須
菩提若有善男子善女人以恒河沙等身命

BD00716　金剛般若波羅蜜經

菩提若有善男子善女人以恒河沙等身命
布施若復有人於此經中乃至受持四句偈
等為他人說其福甚多
尒時須菩提聞說是經深解義趣涕淚悲
泣而白佛言希有世尊佛說如是甚深經典
我從昔來所得慧眼未曾得聞如是之經世尊
若復有人得聞是經信心清淨則生實相當
知是人成就第一希有功德世尊是實相者
則是非相是故如來說名實相世尊我今得
聞如是經典信解受持不足為難若當來世
後五百歲其有衆生得聞是經信解受持
是人則為第一希有何以故此人无我相人相
衆生相壽者相所以者何我相即是非相人
相衆生相壽者相即是非相何以故離一切

諸相即名諸佛佛告須菩提如是如是若復
有人得聞是經不驚不怖不畏當知是人甚
為希有何以故須菩提如來說第一波羅蜜
非第一波羅蜜是名第一波羅蜜
須菩提忍辱波羅蜜如來說非忍辱波羅蜜
何以故須菩提如我昔為歌利王割截身體
我於尒時无我相无人相无衆生相无壽者
相何以故我於往昔節節支解時若有我相
人相衆生相壽者相應生瞋恨須菩提又念
過去於五百世作忍辱仙人於尒所世无我相
无人相无衆生相无壽者相是故須菩提
菩薩應離一切相發阿耨多羅三藐三菩提
心不應住色生心不應住聲香味觸法生心
應生无所住心若心有住則為非住是故佛

BD00716　金剛般若波羅蜜經

心不應住色生心不應住聲香味觸法生心
應生无所住心若心有住則為非住是故佛
說菩薩心不應住色布施須菩提菩薩為
利益一切衆生應如是布施如來說一切諸相
即是非相又說一切衆生則非衆生須菩提
如來是真語者實語者如語者不誑語者
不異語者須菩提如來所得法此法无實无虛
須菩提若菩薩心住於法而行布施如人入闇
則无所見若菩薩心不住法而行布施如人
有目日光明照見種種色須菩提當來之
世若有善男子善女人能於此經受持讀誦
則為如來以佛智慧悉知是人悉見是人皆
得成就无量无邊功德

日分亦以恒河沙等身布施如是无量百千
万億劫以身布施若復有人聞此經典信
心不逆其福勝彼何况書寫受持讀誦為
人解說須菩提以要言之是經有不可思議
不可稱量无邊功德如来為發大乘者說為
發最上乘者說若有人能受持讀誦廣為
人說如来悉知是人悉見是人皆得成就不可
量不可稱无有邊不可思議功德如是人等則
為荷擔如来阿耨多羅三藐三菩提何以故
須菩提若樂小法者著我見人見衆生見壽
者見則於此經不能聽受讀誦為人解說須
菩提在在處處若有此經一切世間天人阿
脩羅所應供養當知此處則為是塔皆應

BD00716　金剛般若波羅蜜經

菩提在在處處若有此經一切世間天人阿
脩羅所應供養當知此處則為是塔皆應
恭敬作礼圍繞以諸華香而散其處
復次須菩提若善男子善女人受持讀誦此
經若為人輕賤是人先世罪業應墮惡道以
今世人輕賤故先世罪業則為消滅當得阿
耨多羅三藐三菩提須菩提我念過去无量
阿僧祇劫於然燈佛前得值八百四千万億
那由他諸佛悉皆供養承事无空過者若
復有人於後末世能受持讀誦此經所得功德
於我所供養諸佛功德百分不及一千万億分
乃至算數譬喻所不能及須菩提若善男
子善女人於後末世有受持讀誦此經所得
功德我若具說者或有人聞心則狂亂狐疑不信

不可思議
尒時須菩提白佛言世尊善男子善女人發
阿耨多羅三藐三菩提心云何應住云何降
伏其心佛告須菩提善男子善女人發阿耨
多羅三藐三菩提者當生如是心我應滅度
一切衆生滅度一切衆生已而无有一衆生實
滅度者何以故若菩薩有我相人相衆生
相壽者相即非菩薩所以者何須菩提實无
有法發阿耨多羅三藐三菩提者須菩提於
意云何如來於然燈佛所有法得阿耨多羅
三藐三菩提不不世世尊如我解佛所說義
佛於然燈佛所无有法得阿耨多羅三藐三
菩提佛言如是如是須菩提實无有法如來

BD00716　金剛般若波羅蜜經

佛於然燈佛所无有法得阿耨多羅三藐三
菩提佛言如是須菩提實无有法如来
得阿耨多羅三藐三菩提
須菩提若有法如来得阿耨多羅三藐三菩
提然燈佛即不與我受記汝於来世當得
作佛号釋迦牟尼以實无有法得阿耨多
羅三藐三菩提是故然燈佛與我受記作是
言汝於来世當得作佛号釋迦牟尼何以故
如来者即諸法如義若有人言如来得阿耨
多羅三藐三菩提須菩提實无有法佛得阿
耨多羅三藐三菩提須菩提如来所得阿耨
多羅三藐三菩提於是中无實无虛是故如
来說一切法皆是佛法須菩提所言一切法者
即非一切法是故名一切法須菩提譬如人

則非大身是名大身須菩提菩薩亦如是若
作是言我當滅度无量衆生則不名菩薩
何以故須菩提實无有法名為菩薩是故佛
一切法无我无人无衆生无壽者須菩提若
菩薩作是言我當莊嚴佛土是不名菩薩
何以故如來說莊嚴佛土者即非莊嚴是名
莊嚴須菩提若菩薩通達无我法者如來
說名真是菩薩
須菩提於意云何如來有肉眼不如是世尊
如來有肉眼須菩提於意云何如來有天
眼不如是世尊如來有天眼須菩提於意云
何如來有慧眼不如是世尊如來有慧眼須菩
提於意云何如來有法眼不如是世尊如來有

提於意云何如来有法眼不如是世尊如来有
法眼須菩提於意云何如来有佛眼不如
是世尊如来有佛眼須菩提於意云何恒河
中所有沙佛說是沙不如是世尊如来說是
沙須菩提於意云何如一恒河中所有沙有
如是等恒河是諸恒河所有沙數佛世界
如是寧為多不甚多世尊佛告須菩提尒所國
土中所有衆生若干種心如来悉知何以故
如来說諸心皆為非心是名為心所以者何須
菩提過去心不可得現在心不可得未来心
不可得須菩提於意云何若有人滿三千
大千世界七寶以用布施是人以是因緣得

須菩提若福德有實如来不說得福德多
以福德无故如来說得福德多
須菩提於意云何佛可以具足色身見不不也
世尊如来不應以具足色身見何以故如来說
具足色身即非具足色身是名具足色身須
菩提於意云何如来可以具足諸相見不不
也世尊如来不應以具足諸相見何以故如来
說諸相具足即非具足是名諸相具足須菩
提汝勿謂如来作是念我當有所說法莫
作是念何以故若人言如来有所說法即為
謗佛不能解我所說故須菩提說法者无法
可說是名說法須菩提白佛言世尊佛得阿
耨多羅三藐三菩提為无所得耶如是如是須
菩提我於阿耨多羅三藐三菩提乃至无

BD00716　金剛般若波羅蜜經

耨多羅三藐三菩提為无所得耶
菩提我於阿耨多羅三藐三菩提乃至无
有少法可得是名阿耨多羅三藐三菩提
復次須菩提是法平等无有高下是名阿
耨多羅三藐三菩提以无我无人无衆生无
壽者脩一切善法則得阿耨多羅三藐三菩
提須菩提所言善法者如來說非善法是名善
法須菩提若三千大千世界中所有諸須弥山
王如是等七寶聚有人持用布施若人以此般
若波羅蜜經乃至四句偈等受持讀誦為
他人說於前福德百分不及一百千万億分乃
至筭數譬喻所不能及
須菩提於意云何汝等勿謂如來作是念我
當度衆生須菩提莫作是念何以故實无有

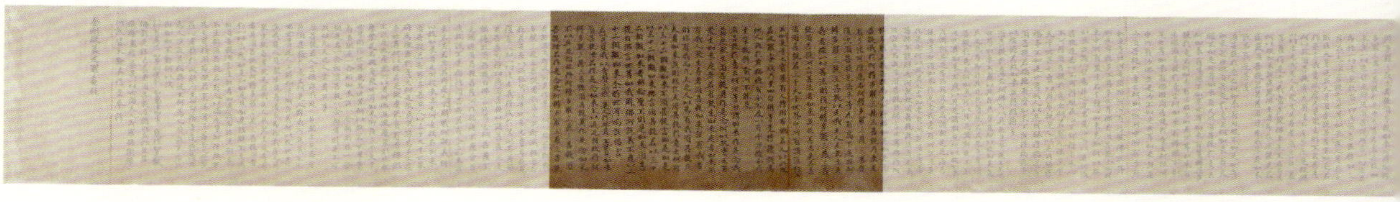

有我人衆生壽者須菩提如来說有我者
則非有我而凡夫之人以為有我須菩提凡
夫者如来說則非凡夫須菩提於意云何可
以三十二相觀如来不須菩提言如是如是
以三十二相觀如来佛言須菩提若以三十
二相觀如来者轉輪聖王則是如来須菩
提白佛言世尊如我解佛所說義不應以三
十二相觀如来尒時世尊而說偈言
若以色見我 以音聲求我 是人行邪道 不能見如来
須菩提汝若作是念如来不以具足相故得阿
耨多羅三藐三菩提須菩提莫作是念如来
不以具足相故得阿耨多羅三藐三菩提須
菩提汝若作是念發阿耨多羅三藐三菩提

BD00716 金剛般若波羅蜜經

不以具足相故得阿耨多羅三藐三菩提
菩提汝若作是念發阿耨多羅三藐三菩提
者說諸法斷滅相莫作是念何以故發阿耨
多羅三藐三菩提者於法不說斷滅相須菩
提若菩薩以滿恒河沙等世界七寶布施若
復有人知一切法无我得成於忍此菩薩勝
前菩薩所得功德須菩提以諸菩薩不受
福德故須菩提白佛言世尊云何菩薩不
受福德須菩提菩薩所作福德不應貪着
是故說不受福德須菩提若有人言如来若
来若去若坐若卧是人不解我所說義何
以故如来者无所從来亦无所去故名如来
須菩提若善男子善女人以三千大千世界
碎為微塵於意云何是微塵衆寧為多不甚

多世尊何以故若是微塵衆實有者佛則
不說是微塵衆所以者何佛說微塵衆則非微
塵衆是名微塵衆世尊如来所說三千大千
世界則非世界是名世界何以故若世界實
有者則是一合相如来說一合相則非一合
相是名一合相須菩提一合相者則是不可
說但凡夫之人貪著其事
須菩提若人言佛說我見人見衆生見壽者
見須菩提於意云何是人解我所說義不不
也世尊是人不解如来所說義何以故世尊
說我見人見衆生見壽者見則非我見人見
衆生見壽者見是名我見人見衆生見壽者
者見須菩提發阿耨多羅三藐三菩提心者
於一切法應如是知如是見如是信解不生法

BD00716　金剛般若波羅蜜經

者見須菩提發阿耨多羅三藐三菩提心者
於一切法應如是知如是見如是信解不生法
相須菩提所言法相者如來說即非法相是
名法相須菩提若有人以滿无量阿僧祇世
界七寶持用布施若有善男子善女人發菩
薩心者持於此經乃至四句偈等受持讀誦
為人演說其福勝彼云何為人演說不取於
相如如不動何以故
一切有為法　如夢幻泡影　如露亦如電　應作如是觀
佛說是經已長老須菩提及諸比丘比丘尼
優婆塞優婆夷一切世間天人阿羅脩聞佛
所說皆大歡喜信受奉行
金剛般若波羅蜜經

BD00716　金剛般若波羅蜜經

BD00717-1 金光明最勝王經卷一

（唐）義净 譯

BD00717-2 金光明最勝王經卷二

（唐）義净 譯

401.7cm × 26.8cm

聽　我今次第說　諸佛境難思　世間无與等
无差別　諸佛體皆同　所說法亦尒　諸佛无作者
金剛體　權現於化身　是故佛舍利　无如芥子許
佛舍利　方便留身骨　為益諸衆生　法身是正覺
是佛真身　亦說如是法　尒時會中三万二千天子聞說
皆發阿耨多羅三藐三菩提心歡喜踊躍得未曾有異
說頌曰　佛不般涅槃　正法亦不滅　為利衆生故　示現有滅盡
思議　妙體无異相　為利衆生故　現種種莊嚴
尒時妙幢菩薩親於佛前及四如來并二大士諸天子所聞說釋迦牟尼如來壽
量事已復從座起合掌恭敬白佛言世尊若實如是諸佛如來不般涅槃无
舍利者云何經中說有涅槃及佛舍利令諸人天恭敬供養過去諸佛現有身骨
流布於世人天供養得福无邊今復言无致生疑惑唯願世尊哀愍我等廣為分別
尒時佛告妙幢菩薩及諸大衆汝等當知云般涅槃有舍利者是密意說如是
之義當一心聽善男子菩薩摩訶薩如是應知有其十法能解如來應正等覺
真實理趣說有究竟大般涅槃云何為十一者諸佛如來究竟斷盡諸煩惱障
所知障故名為涅槃二者諸佛如來善能解了有情无性及法无性故名為

知生死及以涅槃无二性故名為涅槃七者於一切法了其根本證清淨故名
為涅槃八者於一切法无生无滅善脩行故名為涅槃九者真如法界實際
平等得正智故名為涅槃十者於諸法性及涅槃性得无差別故名為涅
謂十法說有涅槃　復次善男子菩薩摩訶薩如是應知復有十
法如來應正等覺真實理趣說有究竟大般涅槃云何為十
惱以樂欲為本從樂欲生諸佛世尊斷樂欲故名為涅槃二者以
諸如來斷諸樂欲不取一法以不取故无去无來无所取故名為涅槃三者
以無去來及无所取是則法身不生不滅无生滅故名為涅槃四者此無生
滅非言所宣言語斷故名為涅槃五者无有我人唯法生滅得轉依故名為
涅槃六者煩惱隨惑皆是客塵法性是主无來无去佛了知故名為涅
槃七者真如是實餘皆虛妄實性體者即是真如真如性者即是如
來名為涅槃八者實際之性无有戲論唯獨如來證實際法戲論永斷
名為涅槃九者無生是實生是虛妄愚癡之人漂溺生死如來體實無
有虛妄名為涅槃十者不實之法是從緣生真實之法不從緣起如來法
身體是真實名為涅槃善男子是謂十法說有涅槃
復次善男子菩薩摩訶薩如是應知復有十法能解如來應正等覺
真實理趣說有究竟大般涅槃云何為十一者如來善知施及施果無我我

BD00717-1　金光明最勝王經卷一

真實理趣說有究竟大般涅槃云何為十一者如来善知施及施果無我我
所此施及果不正分別永除滅故名為涅槃二者如来善知戒果無我我所此
戒及果不正分別永除滅故名為涅槃三者如来善知忍及忍果无我我所
此忍及果不正分別永除滅故名為涅槃四者如来善知勤及勤果無我我
所此勤及果不正分別永除滅故名為涅槃五者如来善知定及定果无我
我所此定及果不正分別永除滅故名為涅槃六者如来善知慧及慧果
无我我所此慧及果不正分別永除滅故名為涅槃七者諸佛如来善能了
知一切有情非有情一切諸法皆无性不正分別永除滅故名為涅槃八者若自愛
著便起追求由追求故受衆苦惱諸佛如来除自愛故永絶追求无追求故
名為涅槃九者有有為之法皆有數量無為法者數量皆除佛離有為證
无為法无數量故名為涅槃十者如来了知有情及法體性皆空離空非有空
性即是真法身故名為涅槃善男子是謂十法說有涅槃
復次善男子豈唯如来不般涅槃是為希有復有十種希有之法是如来行云
何為十一者生死過失涅槃寂靜由於生死及以涅槃證平等故不處流轉不住涅
槃於諸有情不生厭背是如来行二者佛於衆生不作是念此諸愚夫行顛倒
見為諸煩惱之所纏迫我今開悟令其解脫然由往昔慈善根力於彼有情
隨其根性意樂勝解不起分別任運濟度示教利喜盡未来際無有窮盡

往彼城邑聚落王及大臣婆羅門剎帝利薜舍戍達羅等舍從其乞食然
由往昔身語意行串習力故任運詣彼為利益事而行乞食是如來行五者
如來之身無有飢渴亦無便利羸憊之相行乞取而無所食亦無分別然
為任運利益有情是有食相是如來行六者佛無是念此諸眾生有上
中下隨彼機性而為說法然佛世尊無有分別隨其器量善應機緣為彼
說法是如來行七者佛無是念此類有情不恭敬我常於我所出呵罵言不
能與彼共為言論彼類有情恭敬於我常於我所共相讚歎我當與彼共為
言說而如來起慈悲平等無二是如來行八者諸佛如來無有愛憎憍慢貪惜及
諸煩惱然而如來常樂寂靜讚歎少欲離諸諠閙是如來行九是如來無有
一法不知不善通達於一切處鏡智現前無有分別然而如來見彼有情所作
事業隨彼意轉方便誘引令得出離是如來行十者如來若見一分有情得
富盛時不生歡喜見其衰損不起憂慼然而如來見彼有情脩習正行無礙
大慈自然救攝若見有情脩習邪行無礙大悲自然救攝是如來行善男子
如是當知如來應正等覺說有如是無邊正行汝等當知是謂涅槃真
實之相或時見有般涅槃者是權方便及留舍利令諸有情恭敬供養皆
是如來慈善根力若供養者於未來世遠離八難逢事諸佛遇善知識
不失善心福報無邊速當出離不為生死之所纏縛如是妙行汝等勤脩勿為
放逸　爾時妙幢菩薩聞佛親說不般涅槃及甚深法合掌恭敬白言

不失善心福報无邊速當出離不為生死之所纏縛如是妙行汝等勤脩勿為
放逸　尒時妙幢菩薩聞佛親說不般涅槃及甚深法合掌恭敬白言
世尊我今始知如來大師不般涅槃及留舍利普益衆生身心踴悅歎未曾
有說是如來壽品時無量无數无邊衆生皆發无等等阿耨多羅三
藐三菩提心時四如來忽然不現妙幢菩薩礼佛足已從座而起還其本處

金光明最勝王經卷第一

溼失入　譩燕兮　駛所吏從史　博補各從十　瘂厄下　吶而銳　瞖燕計　鷦即遙　鷯了蕭　鵂許尤　鶹力求
揭愆謁　柴即婁　憊蒲拜　荼宅加從禾　蛭之日

金光明最勝王經分別三身品第三　二　　三藏法師義淨奉　制譯

尒時虛空藏菩薩摩訶薩在大衆中從座而起偏袒右肩右膝著地合掌恭敬
頂礼佛足以上微妙金寶之華寶幢幡蓋而為供養白佛言世尊云何菩薩
摩訶薩於諸如來甚深秘密如法脩行佛言善男子諦聽諦聽善思念
之吾當為汝分別解說　善男子一切如來有三種身云何為三一者化身二者應
身三者法身如是三身具足攝受阿耨多羅三藐三菩提若正了知速出生死云
何菩薩了知化身善男子如來昔在修行地中為一切衆生修種種法如是修習
至修行滿修行力故得大自在自在力故隨衆生意隨衆生行隨衆生界悉皆了別
不待時不過時處相應時相應行相應說法相應現種種身是名化身善男子
云何菩薩了知應身謂諸如來為諸菩薩得通達故說於真諦為令解了

身善男子云何菩薩摩訶薩了知法身為除諸煩惱等障為具諸善法
故唯有如如如如智是名法身前二種身是假名有此第三身是真實有為前二
身而作根本何以故離法如如離无分別智一切諸佛无有別法一切諸佛智慧具
足一切煩惱究竟滅盡得清淨佛地是故法如如如如智攝一切佛法
復次善男子一切諸佛利益自他至於究竟自利益者是法如如利益他者是如
如智能於自他利益之事而得自在成就種種无邊用故是分別一切佛法有无量
无邊種種差別善男子譬如依止妄想思惟說種種煩惱說種種業因種
種果報如是依法如如依如如智說種種佛法說種種獨覺法說種種聲聞法
依法如如依如如智一切佛法自在成就是為第一不可思議譬如畫空作莊嚴
具是難思議如是依法如如依如如智成就佛法亦難思議善男子云何法
如如如如智二无分別而得自在事業成就善男子譬如如來入於涅槃願自在
故種種事業皆得成就法如如如如智自在事成亦復如是
復次菩薩摩訶薩入无心定依前願力從禪定起作眾事業如是二法无有分別自
在事成善男子譬如日月无有分別亦如水鏡无有分別光明亦无分別三種和合得有
影生如是法如如如如智亦无分別以願自在故眾生有感現應化身如日月影和合出
現復次善男子譬如无量无邊水鏡依於光故空影得現種種異相空者即是
无相善男子如是受化諸弟子等是法身影以願力故於二種身現種種相
於法身地无有異相善男子依此二身一切諸佛說有餘涅槃依法身者說无餘涅槃

BD00717－1　金光明最勝王經卷一　　BD00717－2　金光明最勝王經卷二

无相善男子如是變化諸弟子等是法身影以願力故於二種身現種種相
於法身地无有異相善男子依此二身一切諸佛說有餘涅槃依此法身說无餘涅槃
何以故一切餘法究竟盡故依此三身一切諸佛說无住處涅槃為二身故不住涅槃離於
法身无有别佛何故二身不住涅槃二身假名實念念生滅不定住故數數出現以不
定故法身不尒是故二身不住涅槃法身不二是故不住涅槃故依三身說无住涅槃
善男子一切凡夫為三相故有縛有障遠離三身不至三身何為三一者遍計所執相二者
依他起相三者成就相如是諸相不能解故不能滅故不能淨故是故不得至於三身
如是三相能解能滅能淨故是故諸佛具足三身善男子諸凡夫人未能除遣此三心
故遠離三身不能得至何者為三一者起事心二者依根本心三者根本心依諸伏道起
事心盡依法斷道依根本心盡依勝道根本心盡起事心滅故得現化身依根本
心滅故得顯應身根本心滅起得至法身是故一切如来具足三身　善男子一切諸佛
於第一身與諸佛同事於第二身與諸佛同意於第三身與諸佛同體善男子是
初佛身隨衆生意有多種故現種種相是故說多第二佛身弟子一意故現一相是
故說一第三佛身過一切種相非執相境界是故說名不一不二善男子是第一身依於應
身得顯現故是第二身依於法身得顯現故是法身者是真實有无依處故善
男子如是三身以有義故而說於常以有義故說於无常化身者恒轉法輪處處
隨緣方便相續不斷絶故是故說常非是本故具足大用不顯現故說為无

法无有異相是根本故猶如虛空是故說常善男子離无分別智更无勝智
離法如如无勝境界是法如如是慧如如是二種如如如不一不異是故法身慧
清淨故滅清淨故是二清淨是故法身具足清淨　復次善男子分別三身有四
種異有化身非應身有應身非化身有化身亦應身有非化身亦非應身何者
化身非應身謂諸如來般涅槃後以願自在故隨緣利益是名化身何者應身
非化身是地前身何者化身亦應身謂住有餘涅槃之身何者非化身非應身謂
是法身善男子是法身者二无所有所顯現故何者名為二无所有於此法身相及
相處二皆是无非有非无非一非異非數非非數非明非闇如是如如智不見相及相
處不見非有非无不見非一非異不見非數非非數不見非明非闇是故當知境界清淨
智慧清淨不可分別无有中間為滅道本故於此法身能顯如來種種事業
善男子是身因緣境界處所果依於本難思議故若了此義是身即是大乘是如
來性是如來藏依於此身得發初脩行地心而得顯現不退地心亦皆得現一生補處
心金剛之心如來之心而悉顯現无量无邊如來妙法皆悉顯現依此法身不
可思議摩訶三昧而得顯現依此法身得現一切大智是故二身依於三昧依於智
慧而得顯現如此法身依於自體說常說我依大三昧故說於樂依於大智故說
清淨是故如來常住自在安樂清淨依大三昧一切禪定首楞嚴等一
切念處大法念等大慈大悲一切陀羅尼一切神通一切自在一切法平等攝受如是佛
法悉皆出現依此大智十力四无所畏四无礙辯一百八十不共之法一切希有不可思議法

法悉皆出現依此大智十力四无所畏四无礙辯一百八十不共之法一切希有不可思議法
悉皆顯現譬如依如意寶珠无量无邊種種珎寶悉皆得現如是依三昧寶依
大智慧寶能出種種无量无邊諸佛妙法善男子如是法身三昧智慧過一切相
不著於相不可分別非常非斷是名中道雖有分別體无分別雖有三數而无二體不
增不減猶如夢幻亦无所執亦无能執法體如如是解脫處過死王境越生死闇
一切衆生不能修行所不能至一切諸佛菩薩之所住處善男子譬如有人願欲得
金處處求覓遂得金礦既得礦已即便碎之擇取精者鑪中銷鍊得清淨金
隨意迴轉作諸鐶釧種種嚴具雖有諸用金性不改　復次善男子若善男子善
女人求勝解脫修行世善得見如來及弟子衆得親近已白佛言世尊何者為善
何者不善何者正修得清淨行諸佛如來及弟子衆見彼問時如是思惟是善
男子善女人欲求清淨欲聽正法即便為說令其開悟彼既聞已正念憶持發心
修行得精進力除嬾墮障滅一切罪於諸學處離不尊重息悼悔心入於初地
依初地心除利有情障得入二地於此地中除不逼惱障入於三地於此地中除心軟淨障
入於四地於此地中除善方便障入於五地於此地中除見真俗障入於六地於地中除見行
相障入於七地於此地中除不見滅相障入於八地於此地中除不見生相障入於九地於此
地中除六通障入於十地此地中除所知障除根本心入如來地如來地者由三淨故名
極清淨云何為三一者煩惱淨二者苦淨三者相淨譬如真金鎔銷冶鍊既

離苦集除已无復餘習為顯佛性本清淨故非謂无體譬如虛空烟
雲塵霧之所障蔽若除屏已是空界淨非謂无空如是法身一切衆苦
悉皆盡故說為清淨非謂无體如有人於睡夢中見大河水漂泛其身
運手動足截流而渡得至彼岸由彼身心不懈退故從夢覺已不見
有水彼此岸別非謂无心生死妄相既滅盡已是覺清淨非謂无覺如
是法界一切妄想不復生故說為清淨非是諸佛无其實體
復次善男子是法身者惑障清淨能現應身業障清淨能現化身智
障清淨能現法身譬如依空出電依電出光如是依法身故能現應身
依應身故能化身由性淨故能現法身智慧清淨能現應身三昧清淨能
現化身此三清淨是法如如不異如如一味如如解脫如如究竟如如是故諸佛體
无有異善男子若有善男子善女人說於如來是我大師若作如是決定信
者此人即應深心解了如來之身无有別異善男子以是義故於諸境界
不正思惟悉皆除斷即知彼法无有二相亦无分別聖人所修行如於彼无二相正
修行故如是如是一切諸障悉皆除滅如如一切障滅如是法如如如智得最清淨
如如法界正智清淨如是如是一切自在具足攝受皆得成就一切諸障悉皆除滅一
切諸障得清淨故是名真如正智真實之相如是見者是名聖見是則名為真
實見佛何以故如實得見法真如故是故諸佛悉能普見一切如來何以故聲聞獨
覺已出三界求真實境不能知見如是聖人所不知見一切凡夫皆生疑惑顛倒分別

寶見佛何以故如寶得見法真如故是故諸佛悉能普見一切如來何以故聲聞獨
覺已出三界求真寶境不能知見如是聖人所不知見一切凡夫皆生疑惑顛倒分別
不能得度如兔浮海必不能過所以者何力微劣故凡夫之人亦復如是不能通達法如
如故然諸如來无分別心於一切法得大自在具足清淨深智慧故是自境界不共他故
諸佛如來於无量无邊阿僧祇劫不惜身命難行苦行方得此身最上无比不可思
議過言說境是妙寂靜離諸怖畏　善男子如是知見法真如者无生老死壽命
无限无有睡眠亦无飢渴心常在定无散動若於如來起諍論心是則不能見於
如來諸佛所說皆能利益有聽聞者无不解脫諸惡禽獸惡人惡鬼不相逢值
由聞法故果報无盡然諸如來无无記事一切境界无欲知心生死涅槃无有異想如來
所說不決定諸佛如來四威儀中无非智攝一切諸法无有不為慈悲所攝无有不
為慈悲所攝无有不為利益安樂諸眾生者善男子善女人於此金光明經聽聞
信解不墮地獄餓鬼傍生阿蘇羅道常處人天不生下賤恒得親近諸佛如來聽受
正法常生諸佛清淨國土所以者何由得聞此甚深法故是善男子善女人則為如來已
知已記當得不退阿耨多羅三藐三菩提若善男子善女人於此甚深微妙之法一經
耳者當知是人不謗如來不毀正法不輕聖眾一切眾生未種善根令得種故已善
根令增長成就故一切世界所有眾生皆勸修行六波羅蜜多　尒時虛空藏菩
薩梵釋四王諸天眾等即從座起偏袒右肩合掌恭敬頂禮佛足白佛言世尊

宮妃后王子諸臣和悦无諍離於諂佞王所愛重三者沙門婆羅門及諸國人
修行正法无病安樂无枉死者於諸福田悉皆修立四者於三時中四大調適常
為諸天增加守護慈悲平等无傷害心令諸衆生歸敬三寶皆願修習
菩提之行是為四種利益之事世尊我等亦常為弘經故隨逐如是持經
之人所在住處為作利益佛言善哉善哉善男子如是如是汝等應當勤心流布
此妙經王則令正法久住於世　金光明最勝王經夢見懺悔品第四　尒時妙幢
菩薩親於佛前聞妙法已歡喜踊躍一心思惟還至本處於夜夢中見大　金
鼓光明晃耀猶如日輪於此光中得見十方无量諸佛於寶樹下坐琉璃座无
量百千大衆圍繞而為說法見一婆羅門桴擊金鼓出大音聲聲中演說微妙
伽他明懺悔法妙幢聞已皆悉憶持繫念而住至天曉已與无量百千大衆圍繞
持諸供具出王舍城詣鷲峯山至世尊所礼佛足已布設香華右繞三匝退坐一面合
掌恭敬瞻仰尊顏白佛言世尊我於夢中見婆羅門以手執桴擊妙金鼓出
大音聲聲中演說微妙伽他明懺悔法我皆憶持唯願世尊降大慈悲聽我所說
即於佛前而說頌曰　我於昨夜中　夢見大金鼓　其形極姝妙　周遍有金光
猶如盛日輪　光明皆普耀　充滿十方界　咸見於諸佛　在於寶樹下　各處琉璃座
无量百千衆　恭敬而圍繞　有一婆羅門　以桴擊金鼓　於其鼓聲內　說此妙伽他
金光明鼓出妙聲　遍至三千大千界　能滅三塗極重罪　及以人中諸苦厄

BD00717-2　金光明最勝王經卷二

金光明鼓出妙聲　遍至三千大千界　能滅三途極重罪　及以人中諸苦厄
由此金鼓聲威力　永滅一切煩惱障　斷除怖畏令安隱　譬如自在牟尼尊
佛於生死大海中　積行脩成一切智　能令衆生覺品具　究竟咸歸功德海
由此金鼓出妙聲　普令聞者獲梵響　證得无上菩提果　常轉清淨妙法輪
住壽不可思議劫　隨機說法利群生　能斷煩惱衆苦流　貪瞋癡等皆除滅
若有衆生處惡趣　大火猛燄周遍身　若得聞是妙鼓音　即能離苦歸依佛
皆得成就宿命智　能憶過去百千生　悉皆正念牟尼尊　得聞如來甚深教
由聞金鼓勝妙音　常得親近於諸佛　悉能捨離諸惡業　純脩清淨諸善品
一切天人有情類　慇重至誠祈願者　得聞金鼓妙音聲　能令所求皆滿足
衆生墮在无間獄　猛火炎熾苦焚身　无有救護處輪迴　聞者能令苦除滅
人天餓鬼傍生中　所有現受諸苦難　得聞金鼓發妙響　皆蒙離苦得解脫
現在十方界　常住兩足尊　願以大悲心　哀愍憶念我　衆生无歸依　亦无有救護
爲如是等類　能作大歸依　我先所作罪　極重諸惡業　今對十方前　至心皆懺悔
我不信諸佛　亦不敬尊親　不務脩衆善　常造諸惡業　或自恃尊高　種姓及財位
盛年行放逸　盛年行放逸　常造諸惡業　心恒起邪念　口陳於惡言　不見於過罪
常造諸惡業　或因諸戲樂　或復懷憂惱　爲貪瞋所纏　故我造諸惡　親近不善人
及由慳嫉意　貧窮行諂誑　故我造諸惡　雖不樂衆過　由有怖畏故　及不得自在

我今悉懺悔　於獨覺菩薩　亦无恭敬心　作如是眾罪　我今悉懺悔　无知謗正法
不孝於父母　作如是眾罪　我今悉懺悔　由愚癡憍慢　及以貪瞋力　作如是眾罪
我今悉懺悔　我於十方界　供養无數佛　當願拔眾生　令離諸苦難　願一切有情
皆令住十地　福智圓滿已　成佛導群迷　我為諸眾生　苦行百千劫　以大智慧力
皆令出苦海　我為諸含識　演說甚深經　最勝金光明　能除諸惡業　若人百千劫
造諸極重罪　暫時能發露　眾惡盡消除　依此金光明　作如是懺悔　由斯能速盡
一切諸苦業　勝定百千種　不思議揔持　根力覺道支　修習常无倦　我當至十地
具足珍寶處　圓滿佛功德　濟度生死流　我於諸佛海　甚深功德藏　妙智難思議
皆令得具足　唯願十方佛　觀察護念我　皆以大悲心　哀受我懺悔　我於多劫中
所造諸惡業　由斯生苦惱　哀愍願消除　我造諸惡業　常生憂怖心　於四威儀中
曾无歡樂想　諸佛具大悲　能除眾生怖　願受我懺悔　令得離憂苦　我有煩惱障
及以諸報業　及以諸報業　願以大悲水　洗濯令清淨　我先作諸罪　及現造惡業
至心皆發露　咸願得蠲除　未來諸惡業　防護不令起　設令有違者　終不敢覆藏
身三語四種　意業復有三　繫縛諸有情　无始恒相續　由斯三種行　造作十惡業
如是眾多罪　我今皆懺悔　我造諸惡業　苦報當自受　今於諸佛前　至誠皆懺悔
於此贍部洲　及他方世界　所有諸善業　今我皆隨喜　願離十惡業　修行十善道
安住十地中　常見十方佛　我以身語意　所修福智業　願以此善根　速成无上慧
我今親對十力前　發露眾多苦難事　凡愚迷惑三有難　恒造極重惡業難

BD00717-2　金光明最勝王經卷二

未住十地中　常見十方佛　我以身語意　所修福智業　願此善根　速成无上慧
我今親對十方前　發露衆多苦難事　凡愚迷惑三有難　恒造極重惡業難
我所積集欲邪難　常起貪愛流轉難　於此世間耽著難　一切愚夫煩惱難
狂心散動顛倒難　及以親近惡友難　於生死中貪染難　瞋癡闇鈍造罪難
生八无暇惡處難　未曾積集功德難　我今皆於最勝前　懺悔无邊罪惡業
我今歸依諸善逝　我礼德海无上尊　如大金山照十方　唯願慈悲哀攝受
身色金光淨无垢　目如清淨紺琉璃　吉祥威德名稱尊　大悲慧日除衆闇
佛日光明常普遍　善淨无垢離諸塵　牟尼月照極清涼　能除衆生煩惱熱
三十二相遍莊嚴　八十隨好皆圓滿　福德難思无與等　如日流光照世間
色如琉璃淨无垢　猶如滿月處虛空　妙頗梨網映金軀　種種光明以嚴飾
於生死苦暴流內　老病憂愁水所漂　如是苦海難堪忍　佛日舒光令永竭
我今稽首一切智　三千世界希有尊　光明晃耀紫金身　種種妙好皆嚴飾
如大海水量難知　大地微塵不可數　如妙高山叵稱量　亦如虛空无有際
諸佛功德亦如是　一切有情不能知　於无量劫諦思惟　无有能知德海岸
盡此大地諸山岳　析如微塵能算知　毛端滴海尚可量　佛之功德无能數
一切有情皆共讚　世尊名稱諸功德　清淨相好妙莊嚴　不可稱量知分齊
我之所有衆善業　願得速成无上尊　廣說正法利群生　悉令解脫於衆苦

願我常得宿命智　能憶過去百千生　亦常憶念牟尼尊　得聞諸佛甚深法
願我以斯諸善業　奉事无邊最勝尊　遠離一切不善因　恒得修行真妙法
一切世界諸眾生　悉皆離苦得安樂　所有諸根不具足　令彼身相皆圓滿
若有眾生遭病苦　身形羸瘦无所依　咸令病苦得消除　諸根色力皆充滿
若犯王法當刑戮　眾苦逼迫生憂惱　彼受如斯極苦時　无有歸依能救護
若受鞭杖枷鎖繫　種種苦具切其身　无量百千憂惱時　逼迫身心无暫樂
皆令得免於繫縛　及以鞭杖苦楚事　將臨刑者得命全　眾苦皆令永除盡
若有眾生飢渴逼　令得種種殊勝味　盲者得視聾者聞　跛者能行瘂能語
貧窮眾生獲寶藏　倉庫盈溢无所乏　皆令得受上妙樂　无一眾生受苦惱
一切人天皆樂見　容儀溫雅甚端嚴　悉皆現受无量樂　受用豐饒福德具
隨彼眾生念伎樂　眾妙音聲皆現前　念水即現清涼池　金色蓮華泛其上
隨彼眾生心所念　飲食衣服及床敷　金銀珍寶妙琉璃　瓔珞莊嚴皆具足
勿令眾生聞惡響　亦復不見有相違　所受容貌悉端嚴　各各慈心相愛樂
世間資生諸樂具　隨心念時皆滿足　所得珍財无悋惜　分布施與諸眾生
燒香末香及塗香　眾妙雜華非一色　每日三時從樹墮　隨心受用生歡喜
普願眾生咸供養　十方一切最勝尊　三乘清淨妙法門　菩薩獨覺聲聞眾
常願勿處於卑賤　不墮无暇八難中　生在有暇人中尊　恒得親承十方佛

BD00717-2　金光明最勝王經卷二

普願衆生同得覩　十方一切最勝尊　三乘清淨妙……

常願勿處於卑賤　不墮无暇八難中　生在有暇人中尊　恒得親承十方佛
願得常生富貴家　財寶倉庫皆盈滿　顏貌名稱無與等　壽命延長經劫數
悉願女人變為男　勇健聰明多智慧　一切常行菩薩道　勤修六度到彼岸
常見十方无量佛　寶王樹下而安處　處妙琉璃師子座　恒得親承轉法輪
若於過去及現在　輪迴三有造諸業　能招可厭不善趣　願得消滅永无餘
一切衆生於有海　生死羂網堅牢縛　願以智劍為斷除　離苦速證菩提處
衆生於此贍部內　或於他方世界中　所作種種勝福因　我今皆悉生隨喜
以此隨喜福德事　及身語意造衆善　願此勝業常增長　速證无上大菩提
所有禮讚佛功德　深心清淨无瑕穢　迴向發願福无邊　當超惡趣六十劫
若有男子及女人　婆羅門等及勝族　合掌一心讚歎佛　生生常憶宿世事
諸根清淨身圓滿　殊勝功德皆成就　願於未來所生處　常得天人共瞻仰
非於一佛十佛所　修諸善根令得聞　百千佛所種善根　方得聞斯懺悔法

尒時世尊聞此說已讚妙幢菩薩言善哉善哉善男子如汝所夢金鼓出聲
讚歎如來真實功德并懺悔法若有聞者獲福甚多廣利有情滅除罪
障汝今應知此之勝業皆是過去讚歎發願宿習因緣及由諸佛威力加被此之因
緣當為汝說時諸大衆聞是法已咸皆歡喜信受奉

……經卷第二

BD00717-2　金光明最勝王經卷二

BD00718 大佛頂如來頂髻白蓋陀羅尼神咒

169.6cm × 28.6cm

大佛頂如来頂髻白蓋陁羅尼神呪

歸命三寶　敬礼一切諸佛及菩薩衆　敬礼七俱胝正真等覺及聲聞
僧衆　敬礼盧世羅漢衆　敬礼預流果　敬礼一来果　敬礼不来果
敬礼已度諸世間　敬礼已往真實所　敬礼一切諸天仙　敬礼善能持呪仙
敬礼一切諸梵天　敬礼一切諸帝釋　　自在世尊及烏摩等衆　敬礼
那羅延世尊五大印礼者　敬礼摩　　尊壞三重城樂居塚所奉母之
敬礼者　敬礼如来種姓世尊　敬礼　　敬礼金剛種姓　敬礼摩尼珠
敬礼白烏種姓　敬礼童子　　種姓　敬礼勇猛無畏擊王如□
真等覺世尊　敬礼普光如来　　見世尊　敬礼阿彌陁如来正真等覺
世尊　敬礼藥師琉璃光如来正真等　　尊　敬礼娑羅王王如来正真等覺
世尊　敬礼釋迦牟尼如来正真等覺世尊　敬礼焰王如来正真等覺見世尊
敬礼普賢如来正真等覺見世尊　敬礼種種光耀如来正真等覺見世尊　敬礼
優鉢羅香廣目焰王如来正真等覺見世尊　如是礼已世尊如来頂髻
無有能及甚能調伏部多等一切諸鬼亦斷諸神呪法能轉非時死
衆生繫縛轉一切不善惡夢亦壞八万四千諸惱害者亦令廿八宿歡喜
星却一切怨敵消諸非常惡夢能度毒藥刀杖水火　威勢猛烈

諸天嗔怒大力女　大焰天女大威德　大白天女及大力　光焰瓔珞白拂女
及嗔文　名稱瓔珞勝金剛　蓮華瑞相金剛相　珠瓔寂妙無能及　多
金剛脣　和顏天衆供養者　善貌威勢大天女　賢度超越大力女　不死金剛
之寶釧　金剛童子持姪女　執金剛呪金環者　大寶蓮華紅藍花　金剛鎖
稱能普照　金剛威勢金光眼　大白天女金剛脣　及日光華蓮華日　如是一切
諸呪印　願悉咸皆守護我　比丘光習及一切衆生等　呪曰　嗚吽　紇唎[illegible]
曩　鉢囉舍引　悉多引　耶　怛他揭都引　烏瑟尼舍悉哆去聲　多鉢
怛𠼐　呼吽咄嚕吽　瞻婆那　呼吽咄嚕吽　悉䟦伴那　呼吽咄嚕吽　摩
訶蜜姪地夜反　三薄乞叉那葛邏　呼吽咄嚕吽　彼囉蜜地夜同前　三薄乞叉
那葛囉　呼吽咄嚕吽　薩婆怒瑟吒喃　悉擔盤那葛囉　呼吽咄嚕吽
薩婆藥乞叉洛呀囉訶去聲　喃　毗特望娑那葛囉　呼吽咄嚕吽　櫻都
囉引　尸底喃呀邏訶娑訶引　娑囉喃　毗特望娑那葛囉　嗚吽咄嚕吽
阿瑟吒鼻舁孕反　鼻孕　奢底難諾乞叉怛囉喃　鉢囉娑䭾那葛囉　呼吽咄
嚕吽　阿瑟吒喃　摩訶呀囉訶喃　毗特望娑那葛囉　呼吽咄嚕吽
世尊如來頂髻白蓋金剛頂髻能轉諸障之母大千臂大千頭百千俱胝眼無別異
大焰金剛杵三界寬廣壇場內願我等及一切衆生皆獲吉祥　唵　或道王

大焰金剛杵三界寬廣壇場内願我等及一切衆生皆獲吉祥　唵　或遭王
難或賊難或火難或水難或毒難或刀杖難或怨敵難或飢饉難或怨家難
或霹靂難或橫死難或地動難或星難或王罰難或龍難或雷難或金
翅鳥難或惡獸難或藥叉王祟或羅逻乞叉娑祟或餓鬼祟或毗舍遮祟或
部多祟或鳩槃荼祟或布單那祟或羯吒布單那祟或塞建陀祟或阿波
悉摩囉祟或狂鬼祟或影撲鬼祟或嚕罸侄祟如是等怖畏之中願我比丘
光詈及一切衆生等皆得安樂　或食人顏色者食胞胎者食血者食肉者食
脂者食髓者食氣者食命者食吐者食不淨者飲尿者食糞者嗅殘
食者食唾者食涕者食精者食膿者食撥散者食花鬘者食香氣者
食薰氣者食思想者食華者食果食子者食燒炙者如是等神鬼所有
呪術並皆禁斷諸遊行外道所作呪術亦皆禁斷或猒蠱男或猒蠱女
所有呪術悉皆禁斷或大自在天所作呪術悉皆禁斷那羅延衆所作呪術悉
皆禁斷　金翅鳥王共作呪術亦皆禁斷　摩訶迦羅及摩帝嚕衆所作呪
術亦皆禁斷　髑髏外道作諸呪術亦皆禁斷　諸作強勝諸作憍慢所欲
成就一切事者輒作呪術亦皆禁斷　四姉妹神所作呪術亦皆禁斷沒陵儀
哩知 云鬪戰神　歡喜之主 云乳雀王 及餘衆主欲作成就一切事者亦皆禁斷
裸形外道所作呪術亦皆禁斷　阿羅漢等所作呪術亦皆禁斷　離愛

裸形外道所作呪術亦皆禁斷　阿羅漢等所作呪術亦皆禁斷　離愛
著天所住呪術亦皆禁斷　執金剛神密跡之王所住呪術亦皆禁斷　守護
我於我比丘光習及一切衆生等　世尊敬礼如來頂髻白蓋　呪曰
阿恙哆那剌引迦　鉢囉婆薩普吒　弥箇恙哆多鉢怛𠽸　呫噃囉呫噃羅
珂馱珂馱　馱囉馱囉　毗馱囉毗馱囉　親馱親馱斷　牝馱牝馱絶　呼吽
呼吽撥引吒凡此字皆小作聲喚　娑婆訶　監監撥引吒　呼呼撥吒　阿牟伽某甲撥吒
阿鉢囉底訶哆撥引吒無障㝵　噃囉波囉馱撥引吒　阿素囉毗多囉多
囉噃迦撥吒　薩婆提吠毗夜毗夜反撥引吒　薩婆那偈毗夜毗夜反撥引已下並同引
吒　薩婆藥叉羞毗夜毗夜反已上並同此音撥吒　薩婆囉乞叉細毗夜撥吒　薩婆
乹達婆毗夜撥吒　薩婆鉢𠽸帝毗夜撥吒　薩婆部帝毗夜撥吒　薩婆布
單倭毗夜撥吒　薩婆葛吒布單倭毗夜撥吒　薩婆突囉浪宜底毗夜撥吒
薩婆突瑟畢列乞夾帝毗夜撥吒　薩婆呫噃唎毗夜撥吒一切熱病　薩婆阿
波薩麽𠽸毗夜撥吒健忘　薩婆奢囉麽倭毗夜撥吒　薩婆底嘌耻鷄毗夜撥吒
一切外道　薩婆噃緼麽剃毗夜撥　薩婆毗地夜地夜　馱𠽸毗夜撥吒一切持呪　呫耶葛
囉強勝　摩度葛囉憍慢　薩婆囉他娑陁鷄瓢一切事欲成　蜜地夜呫唎毗夜
撥吒　呫咄瓢婆去聲　祁倭毗夜撥吒四姊妹　跋㖗囉高麽哩曳毗地夜囉嚩兒郎反

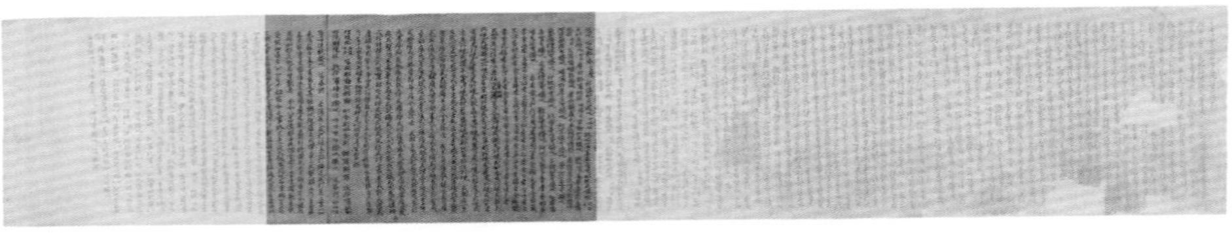

撥吒 吒咄瓢婆 去聲 祁僂毗夜撥吒 四姊妹 跋嘶囉高麼哩曳毗地夜囉囉蹕 兒郢

曳毗夜撥吒 女王 摩訶鉢囉地樣 地樣及 宜㗨毗夜撥吒 跋嘶囉高歌囉遮耶波囉 及

地樣 同前 宜囉囉囉闍耶撥吒 摩訶歌羅也麼怛哩揭那 南謨恚訖哩哆耶撥吒

陛瑟那須曳撥吒 皤囉鉡摩尼曳撥吒 阿宜僂曳撥吒 摩訶箇哩曳撥吒

歌邏檀地曳撥吒 印地唎曳撥吒 紇澇帝哩曳撥吒 石閦智曳撥吒 迦羅囉

帝哩曳撥吒 夜麼檀地曳撥吒 歌彼哩曳撥吒 阿地目歌多奢摩奢那寧

皤恚你曳撥吒 若有衆生於我生惡心者嗔怒心者食頗色者食胎藏

者食血者食肉者食脂者食髓者食初產者食命者食力者食唾者食

不淨者飲尿者食耋掃者食殘食者食唾者食鼻涕者食膿者食撥散

者食花鬘者食汗氣者食薰者食華者食果者食子者食燒炙者

或罪惡心捐害心廣猛心（或藥叉所嬈）或囉葛叉娑所嬈或餓鬼所嬈或毗舍吒所嬈或部多

所嬈或鳩槃吒所嬈或布單那所嬈或葛吒布單那所嬈或瘦鬼所嬈或狂鬼或

影撲鬼所嬈或健忘鬼所嬈或獸蟲女鬼所嬈或蟒罰底所嬈或闍魔王所嬈或

惡鳥所嬈或讚本母鬼所嬈或阿藍婆所嬈或幹吒箇弥你所嬈 或熱病一日二

日或三日或四日或七日或常患熱或重熱病或虐病或風病或黃病或痰病或

揔集病及一切時氣或頭痛等疾令悉除差 或半身痛或不能食或目痛

或鼻痛或口痛或頸痛或咽喉閉塞或耳痛或齒痛或心痛或骨節痛或

或鼻痛或口痛或齗痛或咽喉除塞或耳痛或齒痛或心痛或骨節痛或
脅肋痛或背痛或腹痛或腰脊痛或小腹痛或腿痛或踝骨痛或手痛
或脚痛或身軆骨節等痛令悉除差　或部多鬼或起屍鬼或獸魅鬼或天行
或患疥癬或風瘙或熱瘡或癩瘡或班瘡或癰或疽或疳瘡或瘻瘤或瘦
病或驚恐或毒藥或蠱毒或獸禱或火或水或水獸或怨賊或惡鬼或曠野
或非時橫死或咀嚦部迦或蜂或蠍或蛇或鼠狼或師子或虎或熊或羆或
摩竭魚或犛牛等如是一切諸難是白蓋大金剛頂髻能令諸難自然退散
乃至十二由旬內或結界地諸餘威神及以明呪悉皆禁斷
怛姪他即說呪曰　唵阿那隸阿那隸　毗舍剃毗舍剃　鞞囉鞞囉　跋攞囉馱剃
畔陁畔陁你　跋攞囉嫎你撥吒　呼吽呼吽撥吒撥吒　娑婆訶　呼吽咄
嚕吽伴馱撥吒　娑婆訶　若復有人或於絲上或於樺皮或於葉上書此如
來頂髻白蓋无有能及甚能調伏陁羅尼或帶身上或繫頭上乃至壽終
毒不能害刀不能傷水不能溺蠱毒獸蠱非時橫死亦不能害亦令諸惡
鬼神毗那夜迦悉皆歡喜　亦令八万四億那由他諸金剛亦當守護歡喜敬
愛能知過去八十四百千劫宿命之事終不受夜叉餓鬼羯吒布單那貧窮
下賤之身亦能圓滿无量无邊恒河沙數諸佛世尊福德之聚若有持此

下賤之身亦能圓滿无量无邊恒河沙數諸佛世尊福德之聚若有持此
如來頂髻白蓋無有能及甚能調伏陁羅尼者非梵行者亦成梵行不調伏者亦
自調伏不清淨者能使清淨不一食者自當一食住五逆罪亦自消滅宿世業
障盡滅无餘若有女人設欲求男持此如來頂髻白蓋無有能及甚能調伏
陁羅尼者便生有相福德具足長壽之男從此命終生極樂國若疫癘及
六畜疫或有突崇或外惡敵來相侵惱者或於城門聚落村邑或多人處或
曠野處安置高幢懸此如來頂髻白蓋無有能及甚能調伏陁羅尼恭
敬礼拜所有突崇及外惡敵來相侵惱者尋便退散　呪曰　怛地、他他
唵　瑟咄嚕吽　伴陁伴陁　樂訖乂樂訖乂　娑婆訶　嗚呼吽二　瑟咄嚕
吽三　伴陁伴陁　樂訖乂樂訖乂四　跋撈囉滿莫敢反五　跋撈囉波那曳　呼吽
撥吒　娑婆訶六　唵　怛他蘖都嗚瑟你沙七　阿那婆盧訖帝八　牟嘌灺敵寅反
啼祖囉尸九　唵　㮹囉㮹囉十　馱迦馱迦十一　馱囉馱囉十二　毗馱囉毗馱囉十三
親馱親馱十四　批馱批馱十五　呼吽呼吽撥吒　娑婆訶十六　唵　怛他蘖都嗚瑟
你沙十七　呼吽撥吒　娑婆訶十八　怛地、夜反他　阿那𡅏阿那𡅏十九　珂娑明珂娑
明二十　毗囉毗囉廿一　蘇明蘇明廿二　薩婆部陁廿三　阿地瑟吒那廿四　阿地瑟秩底

明二十毗囉毗囉廿一蘇明蘇明廿二薩婆部陁廿三阿地瑟吒那廿四阿地瑟秩底

丁里反廿五薩婆怛他薩婆都嗚瑟你沙廿六悉怛多鉢怛囉廿七呼吽撥吒

娑婆訶廿八呼吽麽麽廿九呼吽寧撥吒娑婆訶

BD00719 妙法蓮華經卷七

（後秦）鳩摩羅什 譯

523.2cm × 26cm

妙法蓮華經陁羅尼品第廿六
尒時藥王菩薩即從坐起偏袒右肩合掌向
佛而白佛言世尊若善男子善女人有能受
持法華經者若讀誦通利若有書寫經卷得
幾所福佛告藥王若有善男子善女人供養
八百万億那由他恒河沙等諸佛於汝意云何
其所得福寧為多不甚多世尊佛言若善男
子善女人能於是經乃至受持一四句偈讀誦
解義如說脩行功德甚多尒時藥王菩薩
白佛言世尊我今當與說法者陁羅尼呪以
守護之即說呪曰
安尒一 曼尒二 摩祢三 摩摩祢四 旨隸五 遮梨弟
六 賒咩羊鳴 賒履罔雉 [illegible]羼八 [illegible]輸千 [illegible]九 [illegible]十

叉裔十六阿叉裔十七阿耆膩十八羶帝十九賒履二十陀
羅尼廿一阿盧伽婆娑(蘓反)簸蔗毗叉膩廿二祢毗剃廿三
阿便哆(都餓反)邏祢履剃廿四阿亶哆波隸輸地廿五漚
究隸廿六牟究隸廿七阿羅隸廿八波羅隸廿九首迦差(初机)卅
阿三磨三履卅一佛馱毗吉利袠帝卅二達磨波利差
(猜離反)帝卅三僧伽涅瞿沙祢卅四婆舍婆舍輸地卅五曼哆
邏卅六曼哆邏叉夜多卅七郵樓哆憍舍略(盧庭反)卅九惡叉
邏卌惡叉冶多冶卌一阿婆盧卌二阿摩若(荏蔗)那
多夜卌三
世尊是陀羅尼神呪六十二億恒河沙等諸佛
所說若有侵毀此法師者則為侵毀是諸佛
已時釋迦牟尼佛讚藥王菩薩言善哉善哉
藥王汝愍念擁護此法師故說是陀羅尼於

藥王汝愍念擁護此法師故說是陁羅尼於
諸衆生多所饒益
尒時勇施菩薩白佛言世尊我亦爲擁護讀
誦受持法華經者說陁羅尼若此法師得是
陁羅尼若夜叉若羅剎若富單那若吉遮若
鳩槃茶若餓鬼等伺求其短无能得便即於
佛前而說呪曰
座誓臺反𨽍一　摩訶座𨽍二　郁枳三　目枳四　阿𨽍五
阿羅婆弟六　涅𨽍弟七　涅𨽍多婆弟八　伊緻精履反
柅九　韋緻柅十　旨緻柅十一　涅𨽍墀柅十二　涅𨽍墀婆
底十三
世尊是陁羅尼神呪恒河沙等諸佛所說亦
皆隨喜若有侵毀此法師者則爲侵是諸佛

爲慜念衆生擁護此法師故說是陁羅尼即
說呪曰
阿梨一那梨二㝹那梨三阿那盧四那履五拘那
履六
世尊以是神呪擁護法師我亦自當擁護持
是經者令百由旬内无諸衰患
尒時持國天王在此會中與千万億那由他
乹闥婆衆恭敬圍遶前詣佛所合掌白佛
言世尊我亦以陁羅尼神呪擁護持法華經
者即說呪曰
阿伽祢一伽祢二瞿利三乹陁利四旃陁利五摩蹬
耆六常求利七浮樓莎捉八頞底九
世尊是陁羅尼神呪四十二億諸佛所說若

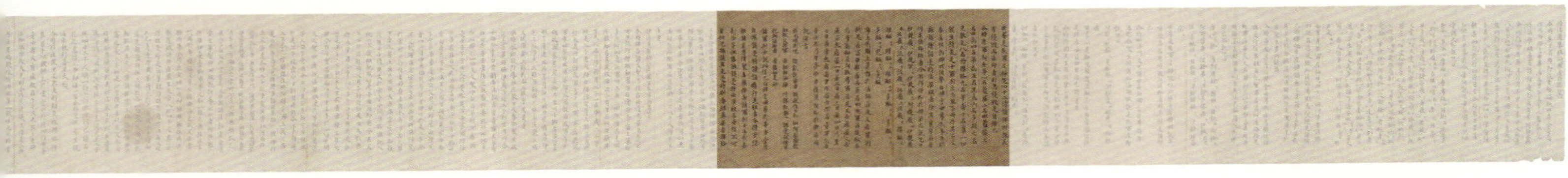

世尊是陁羅尼神呪四十二億諸佛所説若
有侵毀此法師者則為侵毀是諸佛已
尒時有羅剎女等一名藍婆二名毗藍婆三
名曲齒四名華齒五名黑齒六名多髮七名
无猒足八名持瓔珞九名睾帝十名奪一切
衆生精氣是十羅剎女与鬼子母并其子及
眷屬俱詣佛所同聲白佛言世尊我等亦欲
擁護讀誦受持法華經者除其衰患若有
伺求法師短者令不得便即於佛前而説呪曰
伊提履一伊提泯二伊提履三阿提履四伊提履
五泥履六泥履七泥履八泥履九泥履十樓醯十一
樓醯十二樓醯十三樓醯十四多醯十五多醯十六
多醯十七兜醯十八㝹醯

烏摩勒伽若阿跋摩羅若夜叉吉蔗若人吉
蔗若熱病若一日若二日若三日若四日乃至
七日若常熱病若男形若女形若童男形若
童女形乃至夢中亦復莫惱即於佛前而
說偈言
若不順我呪　惱亂說法者　頭破作七分　如阿梨樹枝
如煞父母罪　亦如押油殃　斗秤欺誑人　調達破僧罪
犯此法師者　當獲如是殃
諸羅剎女說此偈已白佛言世尊我等亦當身
自擁護受持讀誦修行是經者令得安隱
離諸衰患消衆毒藥佛告諸羅剎女善哉善
哉汝等但能擁護受持法華經名者福不可
量何況擁護具足受持供養經卷華香瓔珞

量何况擁護具足受持供養經卷華香瓔珞
末香塗香燒香幡蓋伎樂然種種燈蘇燈油
燈諸香油燈蘇摩那華油燈瞻蔔華油燈婆
師迦華油燈優婆羅華油燈如是等百千種
供養者睪帝汝等及眷屬應當擁護如是
法師説此陁羅尼呪品時六万八千人得无生
法忍

妙法蓮華經妙莊嚴王本事品第廿七

尒時佛告諸大衆乃往古世過无量无邊不
可思議阿僧祇劫有佛名雲雷音宿王華智
多陁阿伽度阿羅呵三藐三佛陁國名光明
莊嚴劫名憙見彼佛法中有王名妙莊嚴其
王夫人名曰淨德有二子一名淨藏二名淨

羅蜜毗梨耶波羅蜜禪波羅蜜般若波羅蜜方
便波羅蜜慈悲喜捨乃至卅七助道法皆悉
明了通達又得菩薩淨三昧日星宿三昧淨
光三昧淨色三昧淨照明三昧長莊嚴三昧
大威德藏三昧於此三昧亦悉通達
尒時彼佛欲引導妙莊嚴王及愍念衆生故
說是法華經時淨藏淨眼二子到其母所合
十指爪掌白言願母往詣雲雷音宿王華智
佛所我等亦當侍從親覲供養礼拜所以者
何此佛於一切天人衆中說法華經宜應聽
受母告子言汝父信受外道深著婆羅門法
汝等應往白父與共俱去淨藏淨眼合十指尒
掌白母我等是法王子而生此耶見家母告

汝等應往白父與共俱去淨藏淨眼合十指爪
掌白母我等是法王子而生此耶見家毋告
子言汝等當憂念汝父為現神變若得見
者心必清淨或聽我等往至佛所於是二子念
其父故踊在虛空高七多羅樹現種種神變
於虛空中行住坐卧身上出水身下出火身
下出水身上出火或現大身滿虛空中而復
現小小復現大於虛空中滅忽然在地入
地如水履如地現如是等種種神變令其父
王心淨信解時父見子神力如是心大歡喜
得未曾有合掌向二子言汝等師為是誰
誰之弟子二子白言大王彼雲雷音宿王華智
佛今在七寶菩提樹下法坐上坐於一切世間
天人衆中廣說法華經是我等師我是弟子

於是二子從空中下到其母所合掌白母
父王今已信解堪任發阿耨多羅三藐三菩
提心我等為父已作佛事願母見聽於彼佛所
出家脩道尒時二子欲重宣其意以偈白母
願母放我等　出家作沙門　諸佛甚難值　我等隨佛學
如優曇鉢羅　值佛復難是　脫諸難亦難　願聽我出家
母即告言聽汝出家所以者何佛難值故於
是二子白父母言善哉父母願時往詣雲雷音
宿王華智佛所親覲供養所以者何佛難
得值如優曇鉢羅華又如一眼之龜值浮木
孔而我等宿福深厚生值佛法是故父母當
聽我等令得出家所以者何諸佛難值時亦
難遇彼時妙莊嚴王後宮八万四千人悉皆

BD00719　妙法蓮華經卷七

難遇彼時妙莊嚴王後宮八万四千人悉皆
堪任受持是法華經淨眼菩薩於法華三昧
久已通達淨藏菩薩已於无量百千万億劫
通達離諸惡趣三昧欲令一切衆生離諸惡
趣故其王夫人得諸佛集三昧能知諸佛秘
密之藏二子如是以方便力善化其父令心
信解好樂佛法於是妙莊嚴王與群臣眷屬
俱淨德夫人與後宮綵女眷屬俱其王二子
與四万二千人俱一時共詣佛所到已頭面
礼足遶佛三帀却住一面尒時彼佛為王説
法示教利喜王大歡
尒時妙莊嚴王及其夫人解頸真珠瓔珞價
直百千以散佛上於虛空中化成四柱寶臺

身希有端嚴殊特成就第一微妙之色時雲
雷音宿王華智佛告四衆言汝等見是妙莊
嚴王於我前合掌立不此王於我法中作比
丘精勤脩習助佛道法當得作佛号娑羅樹
王國名大光劫名大高王其娑羅樹王佛有
无量菩薩衆及无量聲聞其國平正功德如
是其王即時以國付弟王与夫人二子并諸
眷屬於佛法中出家脩道王出家已於八万
四千歲常勤精進脩行妙法華經過是已後
得一切淨功德莊嚴三昧即昇虛空高七多
羅樹而白佛言世尊此我二子已作佛事以
神通變化轉我耶心令得安住於佛法中得
見世尊此二子者是我善知識為欲發起宿

BD00719　妙法蓮華經卷七

見世尊此二子者是我善知識為欲發起宿
世善根饒益我故来生我家
尒時雲雷音宿王華智佛告妙莊嚴王言
如是如是如汝所言若善男子善女人種善根
故世世得善知識其善知識能作佛事示教
利喜令入阿耨多羅三藐三菩提大王當知
善知識者是大因緣所謂化導令得見佛發
阿耨多羅三藐三菩提心大王汝見此二子
不此二子已曾供養六十五百千万億那由
他恒河沙諸佛親覲恭敬於諸佛所受持法
華經愍念邪見衆生令住正見妙莊嚴王即
從虗空中下而白佛言世尊如来甚希有以
功德智慧故頂上肉髻光明顯照其眼長廣
而紺青色眉間毫相白如珂月齒白齊密常

讚歎佛如是等无量百千万億功德已於如
來前一心合掌復白佛言世尊未曾有也如
來之法具足成就不可思議微妙功德教戒所
行安隱快善我從今日不復自隨心行不生
耶見憍慢瞋恚諸惡之心說是語已礼佛而
出佛告大衆於意云何妙莊嚴王豈異人乎
今華德菩薩是其淨德夫人今佛前光照
莊嚴相菩薩是哀愍妙莊嚴王及諸眷屬故
於彼中生其二子者今藥王菩薩藥上菩薩
是藥王藥上菩薩成就如此諸大功德已
於无量百千万億諸佛所殖衆德本成就不
可思議諸善功德若有人識是二菩薩名字
者一切世間諸天人民亦應礼拜佛說是妙

可思議諸善功德若有人識是二菩薩名字
者一切世間諸天人民亦應礼拜佛說是妙
莊嚴王本事品時八万四千人遠塵離垢於
諸法中得法眼淨

妙法蓮華經普賢菩薩勸發品第廿八

尒時普賢菩薩以自在神通力威德名聞與大
菩薩无量无邊不可稱數從東方来所經過
國普皆震動雨寶蓮華作无量百千万億種
種伎樂又與无數諸天龍夜叉乹闥婆阿脩
羅迦樓羅緊那羅摩睺羅伽人非人等大衆
圍繞各現威德神通之力到娑婆世界耆闍
崛山中頭面礼釋迦牟尼佛右繞七匝白佛言
世尊我於寶威德上王佛國遙聞此娑婆世

善女人於如來滅後云何能得是法華經佛
告普賢菩薩若有善男子善女人成就四
法於如來滅後當得是法華經一者為諸
佛護念二者殖諸德本三者入正定聚四者
發救一切衆生之心善男子善女人如是成就
四法於如來滅後必得是經
尒時普賢菩薩白佛言世尊於後五百歲濁
惡世中其有受持是經典者我當守護除其
衰患令得安隱使无伺求得其便者若魔若
魔子若魔女若魔民若為魔所著者若夜
叉若羅剎若鳩槃荼若毗舍闍若吉蔗若富單
那若韋陁羅等諸惱人者皆不得便是人若
行若立讀誦此經我尒時乘六牙白象王與大

BD00719　妙法蓮華經卷七

若夜叉若羅剎若鳩槃茶若毗舍闍若吉遮若富單
那若韋陀羅等諸惱人者皆不得便是人若
行若立讀誦此經我尒時乘六牙白象王與大
菩薩眾俱詣其所而自現身供養守護安慰
其心亦為供養法華經故是人若坐思惟此
經尒時我復乘白象王現其人前其人若於
法華經有所忘失一句一偈我當教之與共讀
誦還令通利
尒時受持讀誦法華經者得見我身甚大歡
喜轉復精進以見我故即得三昧及陁羅尼名
為旋陁羅尼百千万億旋陁羅尼法音方便
陁羅尼得如是等陁羅尼世尊若後世後
五百歲濁惡世中比丘比丘尼優婆塞優婆夷
求索者受持者讀誦者書寫者欲脩習是
法華經者於三七日中應一心精進滿三七

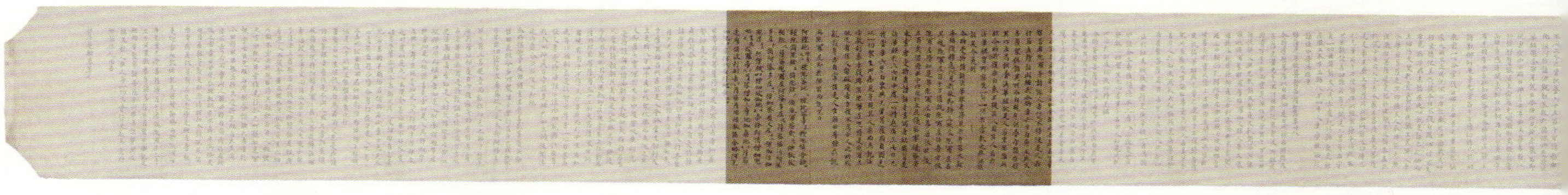

以一切衆生所憙見身現其人前而為說法
示教利憙亦復與其陀羅尼呪得是陀羅尼
故无有非人能破壞者亦復不為女人之所惑
亂我身亦自常護是人唯願世尊聽我說
此陀羅尼即於佛前而說呪曰
阿檀地 途賣反 一 檀陀婆地 二 檀陀婆帝 三 檀陀鳩舍隸 四
檀陀修陀隸 五 修陀隸 六 修陀羅婆底 七 佛馱波
羶禰 八 薩婆陀羅尼阿婆多尼 九 薩婆婆沙阿婆
多尼 十 修阿婆多尼 十一 僧伽婆履叉尼 十二 僧伽涅伽
陀尼 十三 阿僧祇 十四 僧伽波伽地 十五 帝隸阿惰僧伽兜
略 盧遮反 波羅帝 十六 薩婆僧伽三摩地伽蘭地 十七 薩婆
達摩修波利刹帝 十八 薩婆薩埵樓馱憍舍略阿㝹

BD00719　妙法蓮華經卷七

達摩脩波利剎帝十八薩婆薩埵樓馱憍舍略阿㝹
伽地十九辛阿毗吉利地帝二十
世尊若有菩薩得聞是陁羅尼者當知普
賢神通之力若法華經行閻浮提有受持者
應作此念皆是普賢威神之力若有受持讀
誦正憶念解其義趣如說行當知是人行普賢
行於无量无邊諸佛所深種善根為諸如來
手摩其頭若但書寫是人命終當生忉利天
上是時八万四千天女作眾伎樂而來迎之其
人即著七寶冠於婇女中娛樂快樂何況
受持讀誦正憶念解其義趣如說脩行若有
人受持讀誦解其義趣是人命終為千佛授
手令不恐怖不墮惡趣即往兜率天上弥勒菩

是等功德利益是故智者應當一心自書若
使人書受持讀誦正憶念如說脩行世尊
我今以神通力守護是經於如來滅後閻浮
提內廣令流布使不斷絕
尒時釋迦牟尼佛讚言善哉善哉普賢汝能
護助是經令多所衆生安樂利益汝已成就不
可思議功德深大慈悲從久遠來發阿耨多
羅三藐三菩提意而能作神通之願守護是
經我當以神通力守護能受持普賢菩薩
名者普賢若有受持讀誦正憶念脩習書寫
是法華經者當知是人則見釋迦牟尼佛如
從佛口聞此經典當知是人供養釋迦牟尼
佛當知是人佛讚善哉當知是人爲釋迦牟

BD00719　妙法蓮華經卷七

從佛口聞此經典當知是人供養釋迦牟尼
佛當知是人佛讚善哉當知是人為釋迦牟
尼佛手摩其頭當知是人為釋迦牟尼佛衣
之所覆如是之人不復貪著世樂不好外道
經書手筆亦復不喜親近其人及諸惡者若屠
兒若畜猪羊雞猶若獵師若衒賣女色是人
心意質直有正憶念有福德力是人不為
三毒所惱亦復不為嫉妬我慢邪慢增上慢所
惱是人少欲知足能脩普賢之行
普賢若如來滅後五百歲若有人見受持讀
誦法華經者應作是念此人不久當詣道場
破諸魔衆得阿耨多羅三藐三菩提轉法輪
擊法鼓吹法螺雨法雨當坐天人大衆中師
子法坐上普賢若於後世受持讀誦是經典

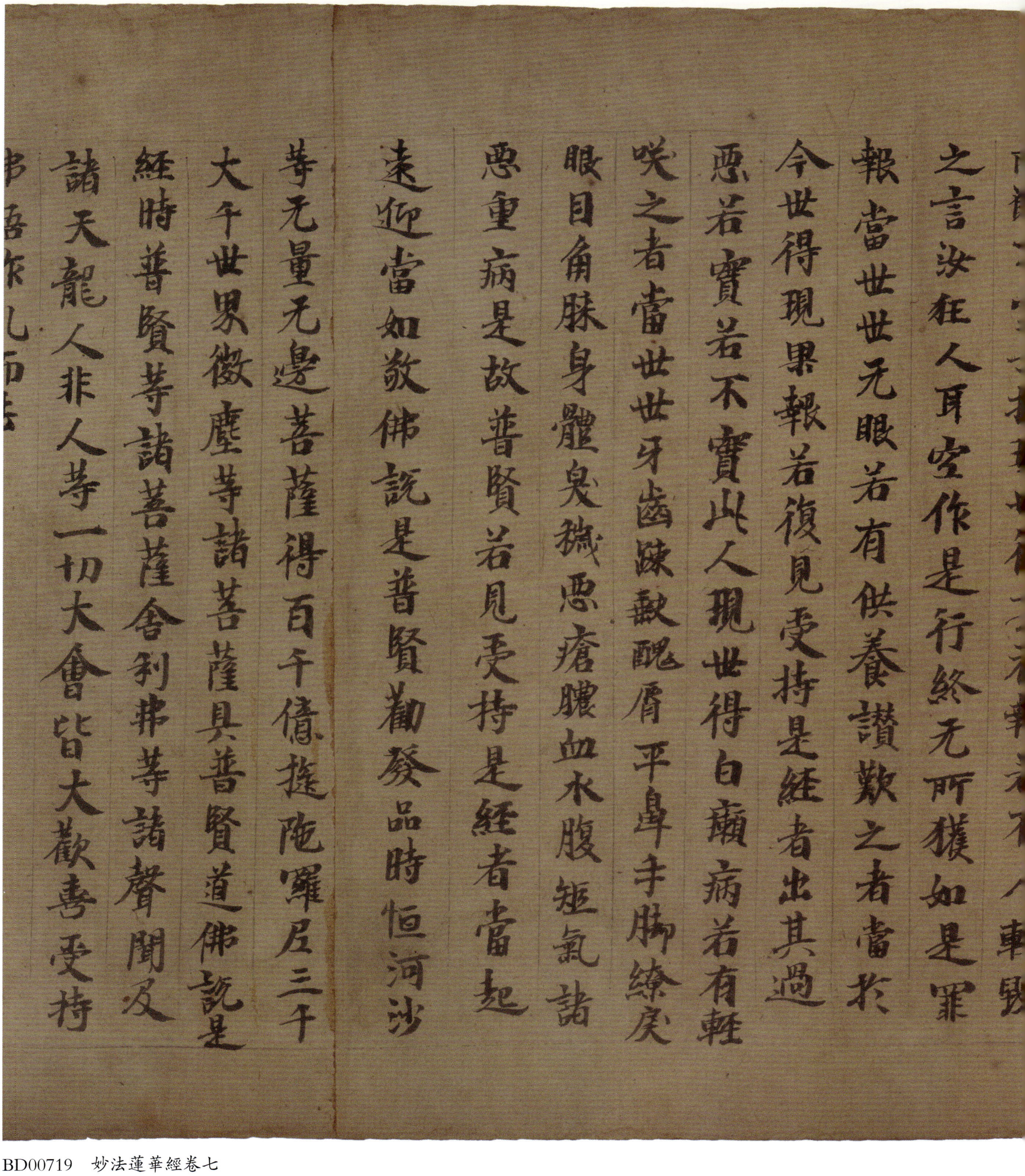

所願不虛亦於現世得其福報若有人輕毀
之言汝狂人耳空作是行終无所獲如是罪
報當世世无眼若有供養讚歎之者當於
今世得現果報若復見受持是經者出其過
惡若實若不實此人現世得白癩病若有輕
咲之者當世世牙齒踈缺醜脣平鼻手脚繚戾
眼目角睞身體臭穢惡瘡膿血水腹短氣諸
惡重病是故普賢若見受持是經者當起
遠迎當如敬佛說是普賢勸發品時恒河沙
等无量无邊菩薩得百千億旋陁羅尼三千
大千世界微塵等諸菩薩具普賢道佛說是
經時普賢等諸菩薩舍利弗等諸聲聞及
諸天龍人非人等一切大會皆大歡喜受持
佛語作礼而去

BD00719　妙法蓮華經卷七

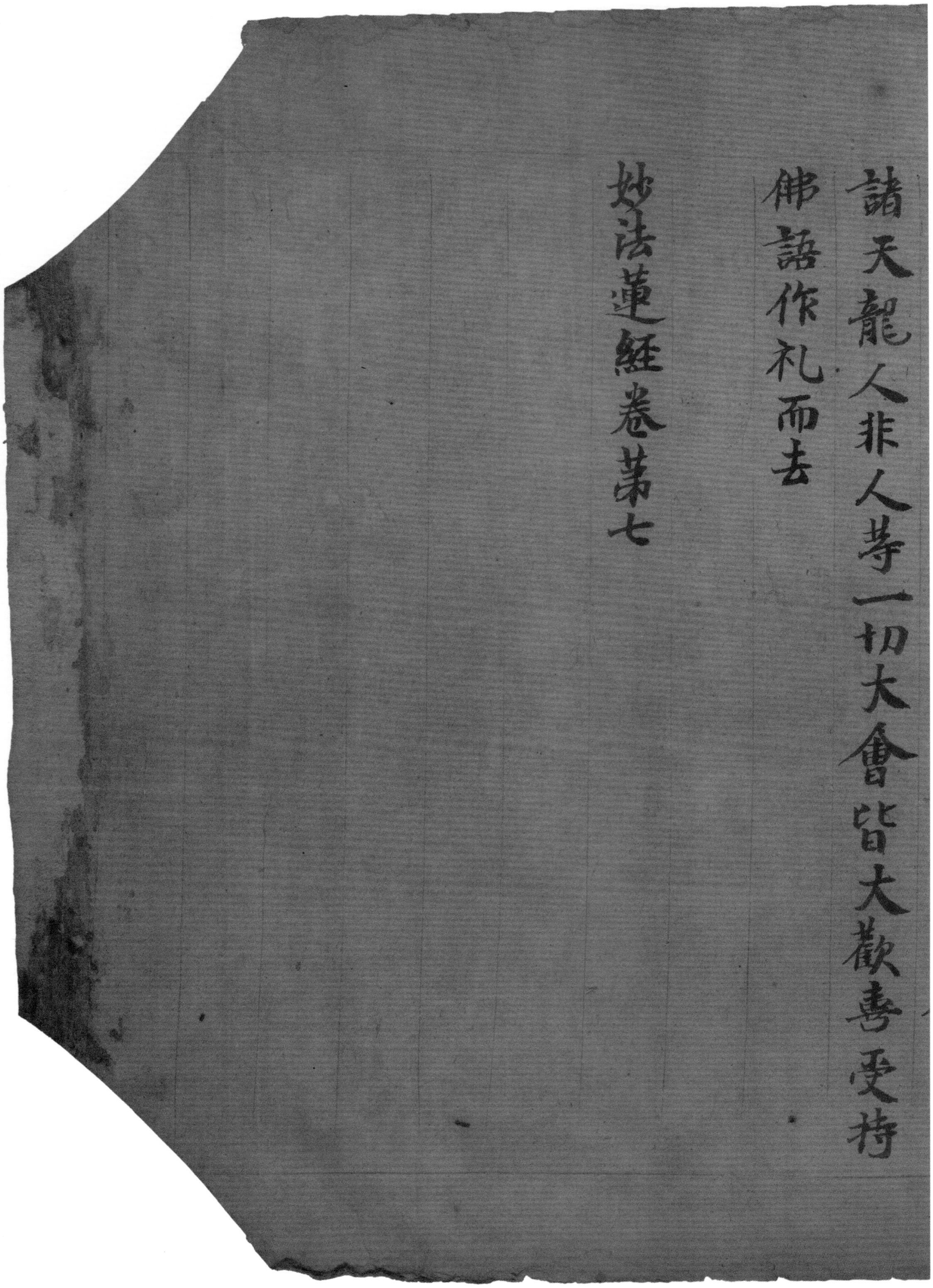

諸天龍人非人等一切大會皆大歡喜受持
佛語作礼而去
妙法蓮經卷第七

BD00719　妙法蓮華經卷七　（12–12）

BD00720 大般若波羅蜜多經卷一六三

（唐）玄奘 譯

235.5cm × 25.5cm

故内空内空自性空外空内外空空空大空
勝義空有為空无為空畢竟空无際空散空
无變異空本性空自相空共相空一切法空
不可得空无性空自性空无性自性空外空
乃至无性自性空自性空是内空自性即非
自性是外空乃至无性自性空自性亦非自
性若非自性即是布施波羅蜜多於此布施
波羅蜜多内空不不得彼我无我亦不可得
外空乃至无性自性空皆不可得彼我无我
亦不可得所以者何此中尚无内空等可得
何况有彼我與无我汝若能脩如是布施是
脩布施波羅蜜多復作是言汝善男子應脩
布施波羅蜜多不應觀内空若淨若不淨

无爲空畢竟空无際空散空无變異空本性
空自相空共相空一切法空不可得空无性
空自性空无性自性空若淨若不淨何以故
内空内空自性空外空内外空空空大空勝
義空有爲空无爲空畢竟空无際空散空无
變異空本性空自相空共相空一切法空不
可得空无性空自性空无性自性空外空乃
至无性自性空自性空是内空自性即非自
性是外空乃至无性自性空自性亦非自性
若非自性即是布施波羅蜜多於此布施波
羅蜜多内空不可得彼淨不淨亦不可得外
空乃至无性自性空皆不可得彼淨不淨亦
不可得所以者何此中尚无内空等可得何
况有彼淨與不淨汝若能脩如是布施是脩
布施波羅蜜多憍尸迦是善男子善女人等

BD00720　大般若波羅蜜多經卷一六三

況有彼淨與不淨汝若能脩如是布施是脩
布施波羅蜜多憍尸迦是善男子善女人等
作此等說是為宣說真正布施波羅蜜多
復次憍尸迦若善男子善女人等為發无上
菩提心者宣說布施波羅蜜多作如是言汝
善男子應脩布施波羅蜜多不應觀真如若
常若无常不應觀法界法性不虛妄性不變
異性平等性離生性法定法住實際虛空界
不思議界若常若无常何以故真如真如自
性空法界法性不虛妄性不變異性平等性
離生性法定法住實際虛空界不思議界法
界乃至不思議界界自性空是真如自性即非
自性是法界乃至不思議界自性亦非自性
若非自性即是布施波羅蜜多於此布施波

可得所以者何此中尚无真如等可得何况
有彼常與无常汝若能脩如是布施是脩布
施波羅蜜多復作是言汝善男子應脩布施
波羅蜜多不應觀真如若樂若苦不應觀法
界法性不虛妄性不變異性平等性離生性
法定法住實際虛空界不思議界若樂若苦
何以故真如真如自性空法界法性不虛妄
性不變異性平等性離生性法定法住實際
虛空界不思議界法界乃至不思議界自性
空是真如自性即非自性是法界乃至不思
議界自性亦非自性若非自性即是布施波
羅蜜多於此布施波羅蜜多真如不可得彼
樂與苦亦不可得法界乃至不思議界皆不
可得彼樂與苦亦不可得所以者何此中尚

樂與苦亦不可得法界乃至不思議界皆不
可得彼樂與苦亦不可得所以者何此中尚
无真如等可得何況有彼樂之與苦汝若能
脩如是布施是脩布施波羅蜜多復作是言
汝善男子應脩布施波羅蜜多不應觀真如
若我若无我不應觀法界法性不虛妄性不
變異性平等性離生性法定法住實際虛
空界不思議界若我若无我何以故真如真如
自性空法界法性不虛妄性不變異性平等
性離生性法定法住實際虛空界不思議界
法界乃至不思議界自性空是真如自性即
非自性是法界乃至不思議界自性亦非自
性若非自性即是布施波羅蜜多於此布施
波羅蜜多真如不可得彼我无我亦不可得

不可得所以者何此中尚无我與无我可得何
況有彼我與无我汝若能脩如是布施是脩
布施波羅蜜多復作是言汝善男子應脩布
施波羅蜜多不應觀真如若淨若不淨不應
觀法界法性不虛妄性不變異性平等性離
生性法定法住實際虛空界不思議界若淨
若不淨何以故真如真如自性空法界法性
不虛妄性不變異性平等性離生性法定法
住實際虛空界不思議界法界乃至不思議
界自性空是真如自性即非自性是法界乃
至不思議界自性亦非自性若非自性即是
布施波羅蜜多於此布施波羅蜜多真如不
可得彼淨不淨亦不可得法界乃至不思議
界皆不可得彼淨不淨亦不可得所以者何
此中尚无真如等可得何況有彼淨與不淨

可得彼淨不淨亦不可[illegible]
果皆不可得彼淨不淨亦不可得所以者何
此中尚无真如等可得何况有彼淨與不淨
汝若能脩如是布施是脩布施波羅蜜多憍
尸迦是善男子善女人等作此等説是為宣
説真正布施波羅蜜多
復次憍尸迦若善男子善女人等為發无上
菩提心者宣説布施波羅蜜多作如是言汝
善男子應脩布施波羅蜜多不應觀苦聖諦
若常若无常不應觀集滅道聖諦若常若无
常何以故苦聖諦苦聖諦自性空集滅道聖
諦集滅道聖諦自性空是苦聖諦自性即非
自性是集滅道聖諦自性亦非自性若非自
性即是布施波羅蜜多於此布施波羅蜜多
苦聖諦不可得彼常無常亦不可得集滅道
[illegible]諦亦不可得彼常無常亦不可得所以者

無常汝若能脩如是布施是脩布施波羅蜜
多復作是言汝善男子應脩布施波羅蜜多
不應觀苦聖諦若樂若苦不應觀集滅道聖
諦若樂若苦何以故苦聖諦苦聖諦自性空
集滅道聖諦集滅道聖諦自性空是苦聖諦
自性即非自性是集滅道聖諦自性亦非自
性若非自性即是布施波羅蜜多於此布施
波羅蜜多苦聖諦不可得彼樂與苦亦不可
得集滅道聖諦皆不可得彼樂與苦亦不可
得所以者何此中尚无苦聖諦等可得何況
有彼樂之與苦汝若能如是布施是脩布
施波羅蜜多復作是言汝善男子應脩布施
波羅蜜多不應觀苦聖諦若我若无我不應
觀集滅道聖諦若我若无我何以故苦聖諦

觀集滅道聖諦若我若无我何以故苦聖諦
苦聖諦自性空集滅道聖諦集滅道聖諦自
性空是苦聖諦自性即非自性是集滅道聖
諦自性亦非自性若非自性即是布施波羅
蜜多於此布施波羅蜜多聖諦不可得彼
我无我亦不可得集滅道聖諦皆不可得彼
我无我亦不可得所以者何此中尚无苦聖諦
等可得何況有彼我與无我汝若能脩如
是布施是脩布施波羅蜜多復作是言汝善
男子應脩布施波羅蜜多不應觀苦聖諦若
淨若不淨不應觀集滅道聖諦若淨若不淨
何以故苦聖諦苦聖諦自性空集滅道聖諦
集滅道聖諦自性空是苦聖諦自性即非自
性是集滅道聖諦自性亦非自性若非自性
即是布施波羅蜜多於此布施波羅蜜多苦

諦皆不可得彼淨不淨亦不可得所以者何
此中尚无苦聖諦等可得何況有彼淨與不
淨汝若能修如是布施是修布施波羅蜜多
憍尸迦是善男子善女人等作此等說是為
宣說真正布施波羅蜜多

大般若波羅蜜多經卷第一百六十三

BD00720　大般若波羅蜜多經卷一六三

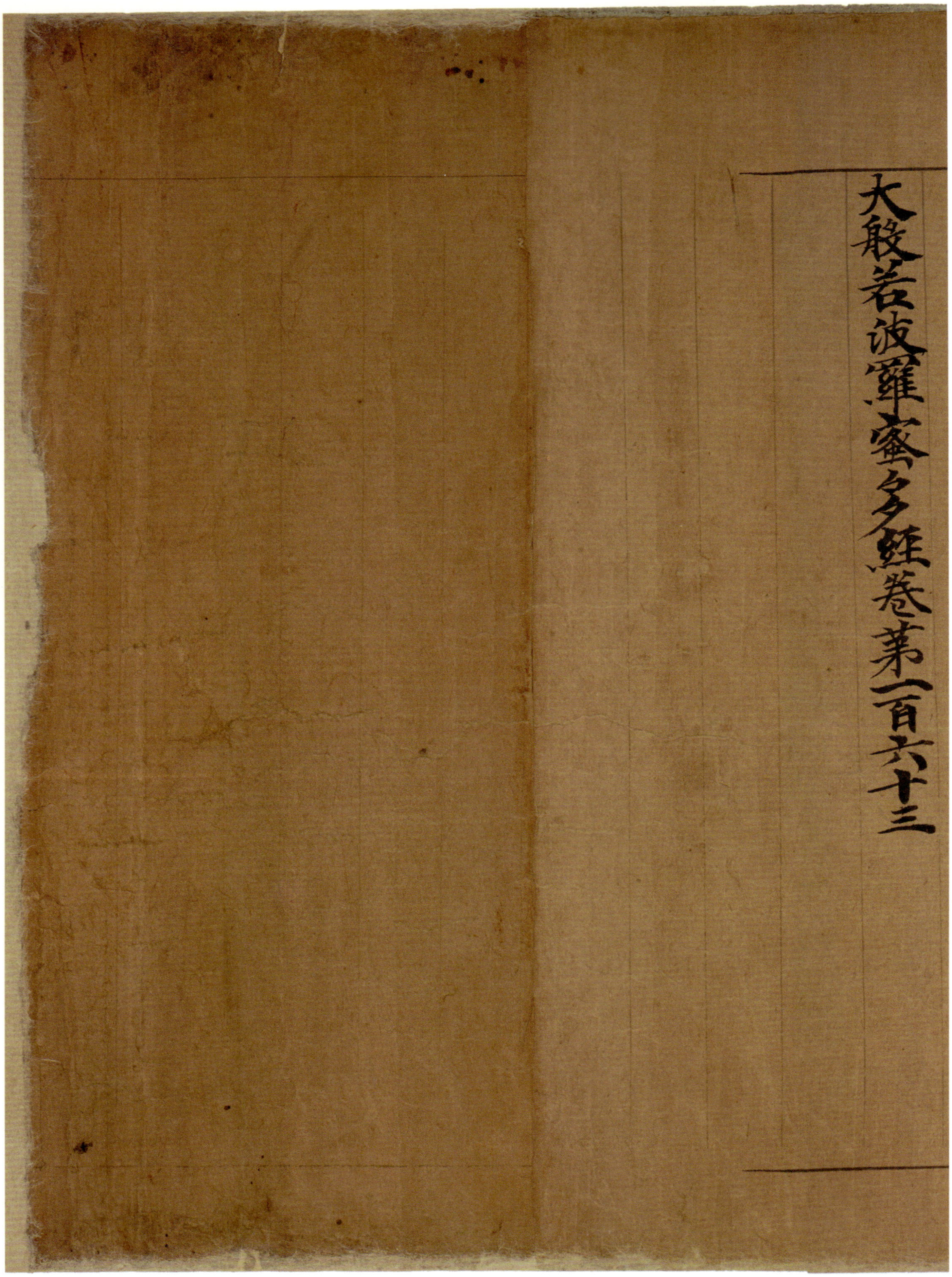

大般若波羅蜜多經卷第一百六十三

BD00721　金剛般若波羅蜜經

（後秦）鳩摩羅什 譯

410.6cm × 27.5cm

提於意云何三千大千世界所有微塵是為多
不須菩提言甚多世尊須菩提諸微塵如来
說非微塵是名微塵如来說世界非世界是
名世界須菩提於意云何可以三十二相見如来
不不也世尊不可以三十二相得見如来何以故
如来說三十二相即是非相是名三十二相須菩
提若有善男子善女人以恒河沙等身命布施
若復有人於此經中乃至受持四句偈等為他人
說其福甚多　尒時須菩提聞說是經深
解義趣涕淚悲泣而白佛言希有世尊佛
說如是甚深經典我從昔来所得慧眼未曾
得聞如是之經世尊若復有人得聞是經信

心清淨則生實相當知是人成就第一希有
功德世尊是實相者則是非相是故如來說名
實相世尊我今得聞如是經典信解受持不足
為難若當來世後五百歲其有衆生得聞是
經信解受持是人則為第一希有何以故此人無
我相人相衆生相壽者相所以者何我相即是
非相人相衆生相壽者相即是非相何以故離
一切諸相則名諸佛佛告須菩提如是如是若復
有人得聞是經不驚不怖不畏當知是人甚
為希有何以故須菩提如來說第一波羅蜜
非第一波羅蜜是名第一波羅蜜 須菩提
忍辱波羅蜜如來說非忍辱波羅蜜何以故須

BD00721　金剛般若波羅蜜經

非第一波羅蜜是名第一波羅蜜　須菩提
忍辱波羅蜜如來說非忍辱波羅蜜何以故須
菩提如我昔為歌利王割截身體我於尒時無
我相人相無衆生相無壽者相何以故我於往
昔節節支解時若有我相人相衆生相壽
者相應生瞋恨須菩提又念過去於五百世
作忍辱仙人於尒所世無我相無人相無衆生
相無壽者相是故須菩提菩薩應離一切
相發阿耨多羅三藐三菩提心不應住色
生心不應住聲香味觸法生心應生無所住
心若心有住則為非住是故佛說菩薩心不
應住色布施須菩提菩薩為利益一切衆生

應如是布施如来說一切諸相即是非相又
說一切衆生則非衆生須菩提如来是真語者
實語者如語者不誑語者不異語者須菩
提如来所得法此法無實無虛須菩提若
菩薩心住於法而行布施如人入闇則無所見
若菩薩心不住法而行布施如人有目日光明
照見種種色須菩提當来之世若有善男
子善女人能於此經受持讀誦則為如来以佛
智慧悉知是人悉見是人皆得成就無量無
邊功德須菩提若有善男子善女人初日分
以恒河沙等身布施中日分復以恒河沙等身
布施後日分亦以恒河沙等身布施如是無

BD00721　金剛般若波羅蜜經

一恒河沙等身布施中日分復以恒河沙等身布施
布施後日分亦以恒河沙等身布施如是無
量百千萬億劫以身布施若復有人聞此經
典信心不逆其福勝彼何況書寫受持讀誦
為人解說須菩提以要言之是經有不可思
議不可稱量無邊功德如来為發大乘者說
為發最上乘者說若有人能受持讀誦廣
為人說如来悉知是人悉見是人皆成就不可
量不可稱無有邊不可思議功德如是人等則
為荷擔如来阿耨多羅三藐三菩提何以故須
菩提若樂小法者著我見人見衆生見壽
者見則於此經不能聽受讀誦為人解說
須菩提在在處處若有此經一切世間天人阿

修羅所應供養當知此處則為是塔皆應
供養敬作礼圍繞以諸華香而散其處
復次須菩提善男子善女人受持讀誦此經若
為人輕賤是人先世罪業應墮惡道以今世人
輕賤故先世罪業則為消滅當得阿耨多羅
三藐三菩提　須菩提我念過去無量阿僧
祇劫於然燈佛前得值八百四千萬億那由他諸
佛悉皆供養承事無空過者若復有人於後
末世能受持讀誦此經所得功德於我所供養
諸佛功德百分不及一千萬億分乃至筭數譬
喻所不能及須菩提若有善男子善女人於
後末世有受持讀誦此經所得功德我若具說

後末世有受持讀誦此經所得功德我若具說
者或有人聞心則狂亂狐疑不信須菩提當
知是經義不可思議果報亦不可思議
尒時須菩提白佛言世尊善男子善女人發
阿耨多羅三藐三菩提心云何住云何降伏其心
佛告須菩提善男子善女人發阿耨多羅三
藐三菩提者當生如是心我應滅度一切衆生
滅度一切衆生已而無有一衆生實滅度者何以
故若菩薩有我相人相衆生相壽者相則非
菩薩所以者何須菩提實無有法發阿耨多
羅三藐三菩提者須菩提於意云何如來於
然燈佛所有法得阿耨多羅三藐三菩提

不不也世尊如我解佛說所義佛於然燈佛
所無有法得阿耨多羅三藐三菩提佛言
如是如是須菩提實無有法如来得阿耨
多羅三藐三菩提須菩提若有法如来得
阿耨多羅三藐三菩提者然燈佛則不與我
授記汝於来世當得作佛号釋迦牟尼佛以
實無有法得阿耨多羅三藐三菩提須菩
提然燈佛與我授記作是言汝於来世當得
作佛号釋迦牟尼佛何以故如来者即諸法如
義若有人言如来得阿耨多羅三藐三菩提
須菩提實無有法佛得阿耨多羅三藐
三菩提須菩提如来所得阿耨多羅三藐

BD00721　金剛般若波羅蜜經

三菩提須菩提如來所得阿耨多羅三藐
三菩提於是中無實無虛是故如來說一
切法皆是佛法須菩提所言一切法者即非
一切法是故名一切法須菩提譬如人身長大
須菩提言世尊如來說人身長大則為非大
身是名大身須菩提菩薩亦如是若作
是言我當滅度無量衆生則不名菩薩何
以故須菩提實無有法名為菩薩是故佛
說一切法無我無人無衆生無壽者須菩提若
菩薩作是言我當莊嚴佛土是不名菩薩
何以故如來說莊嚴佛土者即非莊嚴是名
莊嚴須菩提若菩薩通達無我法者如來

說名真是菩薩須菩提於意云何如來有肉
眼不如是世尊如来有肉眼須菩提於意云何
如来有天眼不如是世尊如来有天眼須菩
提於意云何如来有慧眼不如是世尊如来有慧
眼須菩提於意云何如来有法眼不如是世尊
如来有法眼須菩提於意云何如来有佛眼
不如是世尊如来佛眼須菩提於意云何恒河
中所有沙佛說是沙不如是世尊如来說是沙
須菩提於意云何如一恒河中所有沙有如是等
恒河是諸恒河所有沙數佛世界如是寧為多
不甚多世尊佛告須菩提尒所國土中所有
衆生若干種心如来悉知何以故如来說諸心

BD00721　金剛般若波羅蜜經

衆生若干種心如來悉知何以故如來說諸心
皆爲非心是名爲心所以者何須菩提過
去心不可得現在心不可得未來心不可得
須菩提於意云何若有人滿三千大千世界
七寶以用布施是人以是因緣得福多不如
是世尊此人以是因緣得福甚多須菩提
若福德有實如來不說得福德多以福德
無故如來說得福德多須菩提於意云何
佛可以具足色身見不不也世尊如來不應
以具足色身見何以故如來說具足色身即
非具足色身是名具足色身須菩提於意云何
如來可以具足諸相見不不也世尊如來不應

具足諸相具足何以故如來說諸相具足即非具
足是名諸相具足須菩提汝勿謂如來作是念
我當有所說法莫作是念何以故若人言如來
有所說法莫作是念何以故若人言如來有所
說法則為謗佛不能解我所說故須菩提說
法者無法可說是名說法　須菩提白佛言世
尊佛得阿耨多羅三藐三菩提為無所得耶
如是如是須菩提我於阿耨多羅三藐三菩提
乃至無有少法可得是名阿耨多羅三藐三菩
提復次須菩提是法平等無有高下是名阿耨
多羅三藐三菩提以無我無人無眾生無壽者
修一切善法則得阿耨多羅三藐三菩提須菩

BD00721　金剛般若波羅蜜經

多羅三藐三菩提以無我無人無衆生無壽者
修一切善法則得阿耨多羅三藐三菩提須菩
提所言善法者如來説非善法是名善法須
菩提若三千大千世界中所有諸須弥山王如
是等七寶聚有人持用布施若人以此般若
波羅蜜經乃至四句偈等受持爲他人説於前
福德百分不及一百千萬億分乃至筭數譬
喻所不能及　須菩提於意云何汝等勿謂如
來作是念我當度衆生須菩提莫作是念何以
故實無有衆生如來度者若有衆生如來度
者如來則有我人衆生壽者須菩提如來説有我

者則非有我而凡夫之人以爲有我須菩提凡夫
者如來說則非凡夫須菩提於意云何可以三十二
相觀如來不須菩提言如是如是以三十二相觀
如來佛言須菩提若以三十二相觀如來者轉輪
聖王則是如來須菩提白佛言世尊如我解佛
所說義不應以三十二相觀如來爾時世尊而說
偈言
若以色見我　以音聲求我　是人行邪道　不能見如來
須菩提汝若作是念如來不以具足相故得阿耨
多羅三藐三菩提須菩提莫作是念如來
不以具足相故得阿耨多羅三藐三菩提須
菩提汝若作是念發阿耨多羅三藐三菩提

不以具足相故得阿耨多羅三藐三菩提須
菩提汝若作是念發阿耨多羅三藐三菩提
者說諸法斷滅莫作是念何以故發阿耨多
羅三藐三菩提者於法不說斷滅相
須菩提若菩薩以滿恒河沙等世界七寶布
施若復有人知一切法無我得成於忍此菩薩
勝前菩薩所得功德須菩提以諸菩薩不
受福德故須菩提白佛言世尊云何菩薩
不受福德須菩提菩薩所作福德不應貪
著是故說不受福德須菩提若有人言如來
若來若去若坐若臥是人不解我所說義
何以故如來者無所從來亦無所去故名如來

須菩提若善男子善女人以三千大千世界
碎如微塵於意云何是微塵衆寧為多不
甚多世尊何以故若是微塵衆實有者
佛則不說是微塵衆所以者何佛說微塵
衆則非微塵衆是名微塵衆　世尊如來所
說三千大千世界則非世界是名世界何以故若
世界實有者則是一合相如來說一合相則非一
合相須菩提一合相者則是不可說但凡夫
之人貪著其事　須菩提若人言佛說我見
人見衆生見壽者見須菩提於意云何是人
解我所說義不不也世尊是人不解如來所

人見衆生見壽者見須菩提於意云何是人
解我所說義不不也世尊是人不解如來所
說義何以故世尊說我見人見衆生見壽者
見即非我見人見衆生見壽者見是名我見
人見衆生見壽者見須菩提發阿耨多羅
三藐三菩提心者於一切法應如是見如是信
解不生法相須菩提所言法相者如來說即
非法相是名法相須菩提若有人以滿無量
無邊阿僧祇世界七寶持用布施若有善
男子善女人發菩薩心持於此經乃至四句
偈等受持讀誦爲人演說其福勝彼云何

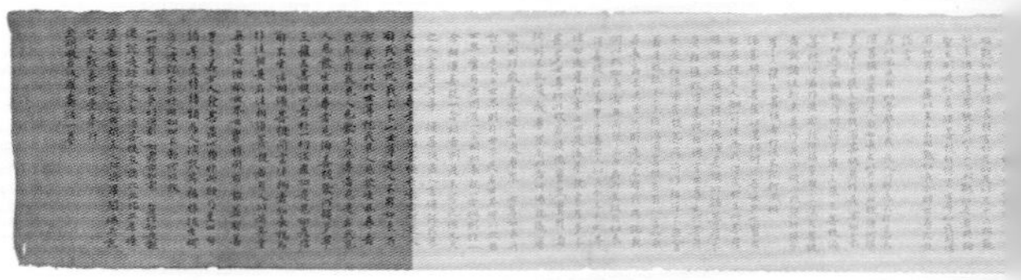

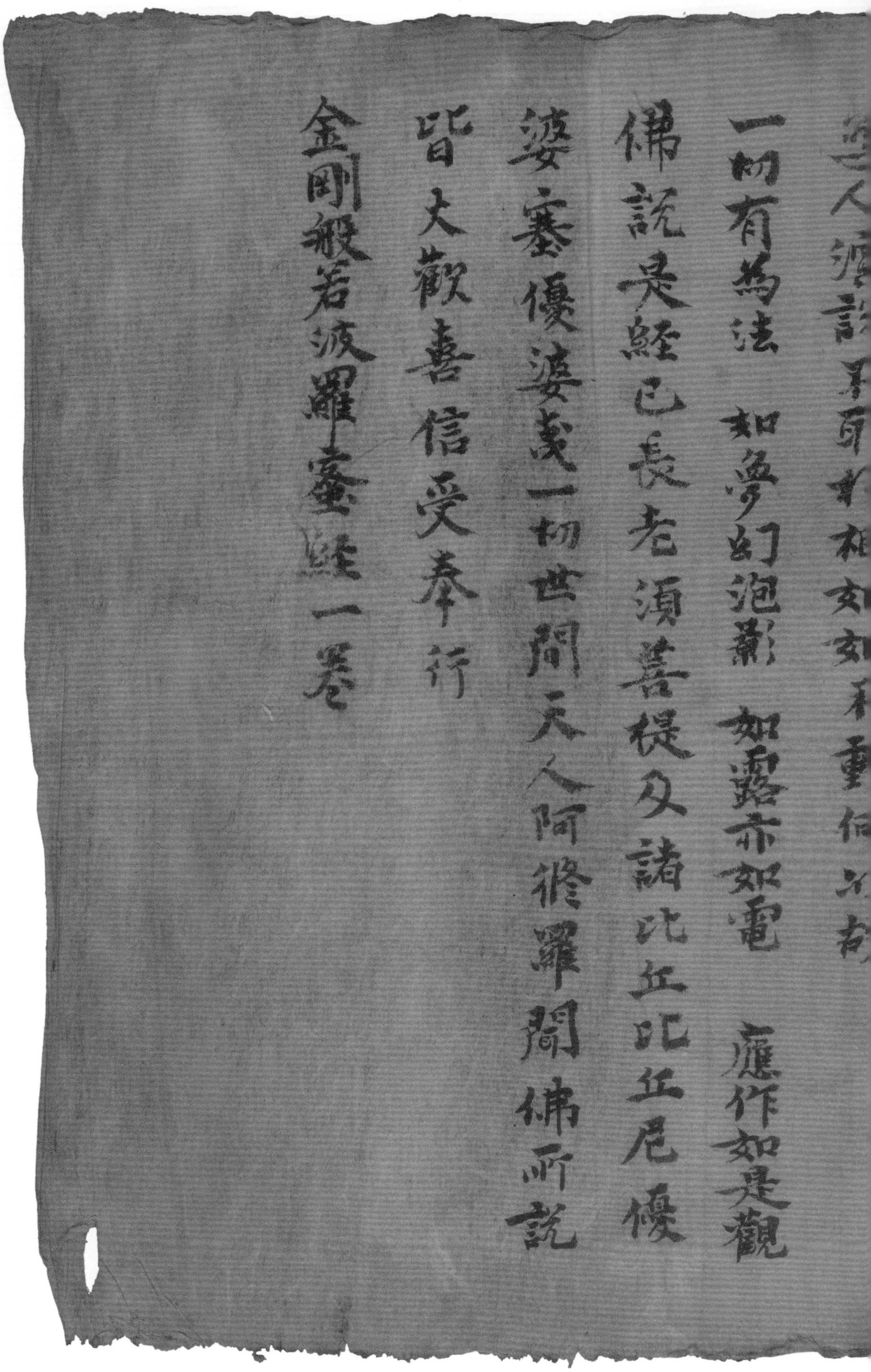

為人演說不取於相如如不動何以故

一切有為法　如夢幻泡影　如露亦如電　應作如是觀

佛說是經已長老須菩提及諸比丘比丘尼優

婆塞優婆夷一切世間天人阿修羅聞佛所說

皆大歡喜信受奉行

金剛般若波羅蜜經一卷

BD00722A

大般若波羅蜜多經卷三〇七

（唐）玄奘 譯

46.5cm × 27.4cm

間遠離相無相無願解脫門世間遠離相能
亦諸佛菩薩十地世間遠離相能亦諸佛五
眼世間遠離相六神通世間遠離相能亦諸
佛佛十力世間遠離相四無所畏四無礙解
大慈大悲大喜大捨十八佛不共法世間遠
離相能亦諸佛無忘失法世間遠離相恒住
捨性世間遠離相能亦諸佛一切智世間遠
離相道相智一切相智世間遠離相能亦
佛一切陀羅尼門世間遠離相一切三摩地
門世間遠離相能亦諸佛預流果世間遠
相一來不還阿羅漢果世間遠離相能亦諸
佛獨覺菩提世間遠離相能亦諸佛一切菩
薩摩訶薩行世間遠離相能亦諸佛無上正
等菩提世間遠離相[illegible]

兊

毋

若波羅蜜多能示諸佛世間虛妄相名諸佛
復次善現甚深般若波羅蜜多能示諸佛世
尊云何般若波羅蜜多能示諸佛世間寂靜
相善現甚深般若波羅蜜多能示諸佛色世
間寂靜相受想行識世間寂靜相能示諸佛
眼處世間寂靜相耳鼻舌身意處世間寂靜
相能示諸佛色處世間寂靜相聲香味觸法

BD00722B　無量壽宗要經（甲本）

43cm × 26cm

毗伱恚指陁四囉佐耶五怛他羯他耶六怛姪他唵七
薩婆桑悉迦囉八波唎輸底九達磨底十伽迦娜十一
莎訶其特迦底十二莎婆婆毗輸底十三摩訶娜耶十四波
唎婆唎莎訶十五
若有自書寫教人書寫是无量壽宗要經受持
讀誦常得四天大王隨其衛護隨羅足目
謨薄伽勃底一阿波唎蜜哆二阿喻紇硯娜三須毗
陁四囉佐耶五怛他羯他耶六怛姪他唵七薩婆
羅八波唎輸底九達磨底十伽迦娜耶十一莎
訶其特迦底十二莎婆婆毗輸底十三摩訶娜耶十四波
唎婆唎莎訶十五
若有自書寫教人書寫是无量壽宗要經受持
讀誦當得生西方極樂世界阿弥陀淨土陁羅

南謨薄伽勃底一阿波唎蜜哆二阿喻紇硯娜三須
毗你悉指陁四囉佐耶五怛他羯他耶六怛姪他唵七
薩婆桒悉迦羅八波唎輸底九達磨底十伽迦娜
莎訶其特迦底十一莎婆婆毗輸底十二摩訶娜耶十三
波唎婆唎莎訶十四
若有方所自書寫使人書寫是无量壽經典之
處則爲是塔皆應恭敬作礼若是畜生禽獸爲鳥
獸得聞是經知是等類皆當不久得成一切種
智陁羅尼日
南謨薄伽勃底一阿波唎蜜哆二阿喻紇硯娜三須
毗你悉指陁四囉佐耶五怛他羯他耶六怛姪他唵七薩
婆桒悉迦羅八波唎輸底九達磨底十伽迦娜十一娑

圖書在版編目（CIP）數據

中國國家圖書館藏敦煌文獻．第四八册 / 中國國家圖書館編．—北京：國家圖書館出版社，2024.12

ISBN 978-7-5013-7971-2

Ⅰ．①中… Ⅱ．①中… Ⅲ．①敦煌學－文獻 Ⅳ．① K870.6

中國國家版本館 CIP 數據核字（2024）第 036731 號

書　　名	中國國家圖書館藏敦煌文獻・第四八册
著　　者	中國國家圖書館　編
項目統籌	魏　崇　殷夢霞
責任編輯	程魯潔　潘　竹　黄　鑫　苗文葉
責任校對	王　哲
出版發行	國家圖書館出版社（北京市西城區文津街 7 號　100034） （原書目文獻出版社　北京圖書館出版社） 010-66114536　63802249　nlcpress@nlc.cn（郵購）
網　　址	http://www. nlcpress. com
排版印裝	天津裕同印刷有限公司
版次印次	2024 年 12 月第 1 版　2024 年 12 月第 1 次印刷
開　　本	787 × 1092　1/8
印　　張	40
書　　號	ISBN 978-7-5013-7971-2
定　　價	2800.00 圓